だいわ文庫

ことばのごちそう

東海林さだお＝著
南 伸坊＝編

大和書房

本書の意義と効用

南伸坊

「東海林さだおさんの綴ってきた、食べ物についての言及・描写は、余人の及ばぬ域に達しています。

食べ物を定義し、表現することにかけては、日本一、いや世界一ではないでしょうか。

これは、素晴らしい日本語遺産、日本文学遺産だと思います。

こうした表現を網羅して、その豊かな表現力を楽しむアフォリズム集・辞典のようなものをつくりたい」

というのが、編集者の松田哲夫さんの意向であった。

まとめ方については、東海林さんのエッセイ集、既刊49冊から定義的なもの、コンパクトに描写してあるものを短めに抜き出した。そしてそれを50音順に並べたぶ厚い束が既に出来ていた。

私は主に、言葉の取捨選択、その並べ方について意見を求められたのだったが、それより、ついついその抜き書きに目がいって、そのリズム、語り口に目がすいよせられるとついつい読みこんでしまって、そうすれば笑ってしまうから、打ち合わせはしばしば中断した。

企画の趣旨に、私は大賛成だった。なるほどこういう形にまとまることに意義があるし、このようにまとまること自体がおもしろい。第一、ものすごくゼータクでゴーセイである。

東海林さんの、おもしろい所のおもしろい所だけで、つまりおいしい所のおいしい所だけで成り立っている本ができる。

まるでシャケの骨だけ缶のような、全体がはしっこだけで出来たヨーカンみたいな、そういうゼイタク感。

そもそも、こんな企画が成り立つというのが東海林さんならではなのである。

つまり、食べ物について書く人はたくさんいる。しかし、いつもそれがおもしろく書ける人、これほど広汎に食べ物にふれた人は前代未聞で空前絶後だ。

東海林さんはサービス精神の人である。

いつも読者と共有できるタノシサをめざす人なのだ。

食べ物の話をして、それがオイシイ、それがウレシイ、それがタノシイことを自らも楽しむ人である。

食べ物の話に、他の意味を持たせたり負わせたりしない。他の何かのために食べ物を持ち出してくるのではなく、食べ物を味わい、食べるのを楽しむために、食べ物の話をされるのだった。

どのようにウレシイか、どのようにタノシイか、どのようにヤラシイか、どのようにイジマシイか、が書かれてあるから、読者は、恰《あたか》もそのものを味わうように文を味わうことができる。

ご自身のイヤシかったりヤラシかったり、イジマシかったりするのを書いてくれるから、同じようにイヤシイ、ヤラシイ、イジマシイ気持を、読者は解放できるし、そうしてそれがウレシイ、タノシイ、ナツカシイ気持を全開してくれるのだった。

手をかえ品をかえ、あらゆるアングルから、奇想天外に議論がはじめられて、意想外の結論が導き出され、しかも深く納得する。

その観察の冴え、その考察の妙、その比喩の巧み、擬人化の超絶、律動的名文、と、あらゆるテクニックが動員されている。

任意のページを開いて、読むなり深い同意がおとずれ、

「そう、そう、そう!!」

と激しくうなずいて、腑に落ちる。

本書を詩のように暗誦する人もあるだろう。

箴言《しんげん》集のように、会話に引用されることも可能である。

また、献立のヒントにするのも自由である。

しかし、任意のページを開くなり、いきなり笑える、そういう「実用書」としての側面も本書の際立った特徴といえるだろう。

失恋をした人、なにもかもイヤになってしまった人、不安で落ち着かない人、総じて、免疫力の低下した人は、その速効性の強力なのを実感するに違いない。

本書は、50音順に、食べ物のことで「大いに笑える」ようにできているのだった。

事典や辞書のように、引いて「その食べ物」について笑うことができる。

パーティの会話や、スピーチに引用することができるし、食卓の話題に援用でき、おかずの一品に加えることもできる。

そのような実用書であるのだった。

このように画期的な企画に、編者として参画できたことを光栄に思っています。

ことばのごちそう　目次

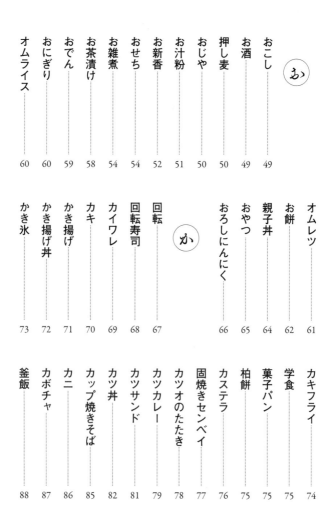

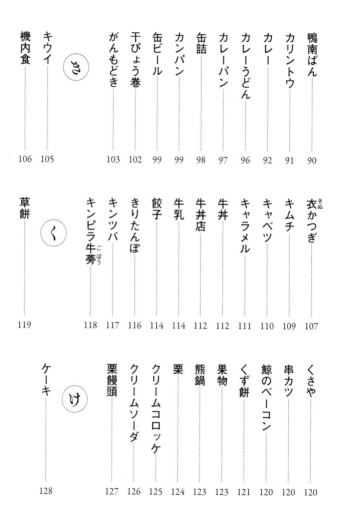

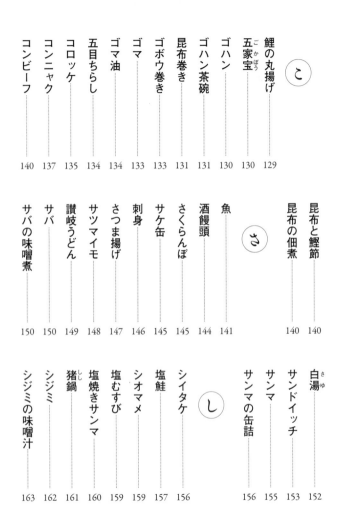

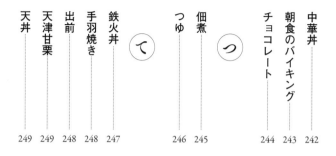

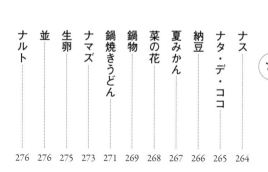

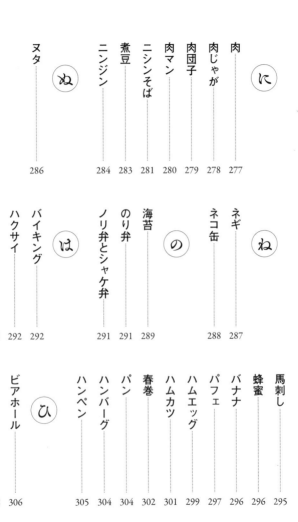

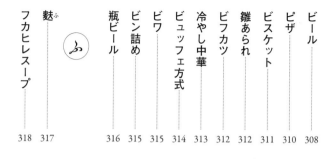

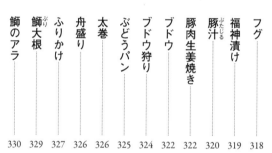

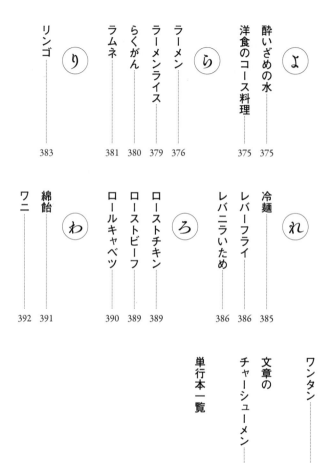

あ

アイスクリーム

カニもそうだが、アイスクリームもまた人を沈黙させる。

料理のコースの中で、アイスクリームのたぐいが出てくると、ざわめいていた座が急に静かになる。

ひとサジ、またひとサジと、人々は急に押し黙ってアイスクリームを口に運ぶ。

静かな没頭。

安らかな専念。

食べ終えた人から、一人、また一人と会話が開始される。（㉝）

味つけ海苔

和風旅館の朝食には、大抵味つけ海苔がついている。お膳のうしろのほうに、ひっそりと、ひかえめに置いてある。

ぼくはいつも、あれが気になってしかたがない。どういうふうに気になるかというと、まず、いつ手をつけるかということが気になる。

むろん、手をつけないで済ます、ということも考えられる。

もともと味つけ海苔の役割は非常用である。ゴハンに対しておかずが足りなくなったときに、非常用として駆り出されるものである。

食事の運営がうまくいって、非常事態が発生しなければ、手をつけないまま放置される。(㉕)

味つけ海苔

日本旅館の朝食には味つけ海苔がつきものだ。

セロハンみたいな袋に、四枚ないし五枚入っている。

四枚だと、

「油断のならない旅館だな」

と客は思い、五枚だと、

「良心的な安心のできる旅館だな」

と思う。

ゆめゆめ旅館の経営者は、こんなちっぽけな海苔の一枚、けちってはならない。

この味つけ海苔、一応味はついているのだが一応醤油をつけて食べる。(㊷)

アジの開き

スーパーで、アジの開きを買ってきてなに気なく見ているうちに、ハラハラと涙がこぼれた。

アジが哀れでならなかった。

まん丸の、涼しい目を見張ったあのかわいいアジが、体を切りさかれ、押しひろげられ、全身どころかその内部までをも赤裸々に、あますところなく露出させられて、あお向けに寝かされているのである。

骨の構造、肉の配列、脂肪の片寄り、脊髄と血あいのからまりぐあい、内臓をこそげとったあとなど、その生理のからくり、秘密が隠しようもなく、ことごとく暴露されている。

機能も能力も、そして生きざまさえあからさまになってしまっているのだ。

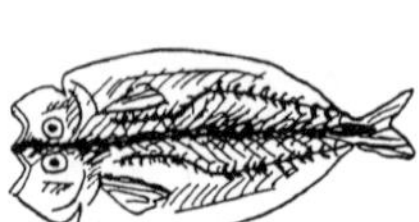

アジにだって、ここだけは人に見せたくない、知られたくないというところがそれぞれにあるにちがいない。

そうした個々の願望を一切無視して、ただもう一方的に、一律に押しひろげさえすればいいという方針はいかがなものか。アジがどんなに恥ずかしい思いをしているか、一度でも考えたことがあるのだろうか。

(もしこれが自分だったら)

と、アジを押しひろげた人は考えなかったのだろうか。

しかも魚屋やスーパーなどでは、その押しひろげたところにわざわざ照明を当てたりして、その開きぐあいをより効果的に見せようとしている。

アジはこのように開かれた体を、恥ずかしいからといって自分で閉じることができない。

そこのところが一層哀れでならない。(㉔)

あ

鯵のフライ

鯵のフライの偉いところは、B級に徹していることだ。

レストランなどのフライ物の中にも鯵のフライはまずない。その代わり、定食屋のメニューに必ずある。
デパートのフライ物のところにも、鯵のフライはめったに姿を見せない。
格が上がると姿を消し、下がると現れる。
ソース以外とは絶対に浮気をしないところも偉い。
エビフライや、コロッケも高級になるとタルタルソースと組みたがる。
タルタルと組んでランクアップを狙う。
タレントなどにもこういう現象がみられる。
お笑いで出発して、多少人気が出てくると、シリアスドラマに出たがる。
出て尊敬を得たがる。
これをタレントの〝タルタル化現象〟と言う。（㉛）

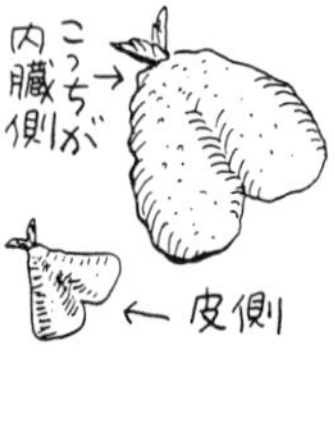

熱かん

秋になって最初の熱かんがうまい。熱かん第一号がうまい。
小ぶりの徳利の首のところをつまんで、トクトクトクトクと盃に注ぎ

ながら、

「そうそう、この感じ」

と懐かしがる。㉕

油揚げ

油揚げは、豆腐製造のついでに作られるものである。生まれながらに、傍流の運命を背負わされてこの世に送り出されてきた。

スタートからすでに、大きなハンディキャップを背負っているともいえる。二流校出身、あるいは三流校出身と同じ境遇ということがいえる。一流校出身が居並ぶ会社などでは、一見、将来の道は閉ざされたかのように見える。

しかし油揚げは、希望を捨てなかった。

主流の豆腐たちは、あるものは湯豆腐、冷奴として主役を演じ、あるものはすき焼き、おでんなどの鍋物界でけっこういい役職を与えられ、またあるものは麻婆豆腐などの中華系に身を転じて、主要な役割を演じている。

そうした活躍ぶりを横目で見ながら、油揚げは自分の活路を模索していた。

豆腐に比べ、油揚げは容姿も見劣りがする。

豆腐が、白く瑞々《みずみず》しい肌と、立体感あふれる容色を誇っているのに対し、油揚げはその容姿扁平、色浅黒く、肌には見苦しいシワさえ深く刻まれている。

油揚げは、この窮状をどう乗り越えたか。

油揚げは、まず活路を味噌汁に求めた。自分の針路を、味噌汁の実に見いだしたのである。

しかも自分一人ではなく、協力者と組むことを考えた。

油揚げと大根の千切り、油揚げとキャベツ、油揚げとカブ、油揚げと豆腐、油揚げとジャガイモ……。協力者は続々と現れた。

いずれも味噌汁の実のコンビの傑作といわれるものばかりである。

特に、油揚げと大根の千切りの組み合わせは、味噌汁の実の最高傑作とさえいわれている。

こうして油揚げは、味噌汁界にこの人ありといわれる、ゆるぎない地位を獲得したのである。

しかも大切なことは、この組み合わせのいずれに於いても、油揚げは脇役だということである。(㉓)

アベカワ餅

餅は最初から煮る。餅が湯あたりしてぐったりとなり、タスケテクレというまで煮る。キナコと砂糖は一対一。

「ふりかける」なんてものじゃない、徹底的にまぶしつける。銀粉ショーの人を、銀粉の中に埋め込むぐらいまでまぶしつける。

ではこれを口に入れてみましょう。

おっと、そうか、そうだったのか。アベカワは箸で食べるものだったんだっけ。なんだか手で食べていたような記憶があったが、この銀粉ショーならぬキナ粉《ふん》ショー的餅は、手づかみというわけにはいかない。

口に入れて引っぱって噛みとる。

ようく煎《い》って碾《ひ》いた大豆の香ばしい味と香り。うんと湿り気をおびたところと、乾いているところとでは、キナコの味が違う。

それを全身にまぶされたユルユルの餅のおいしさ。

肉などの強い味と違った、ぼんやりした穀物と穀物だけの組み合わせの味。(34)

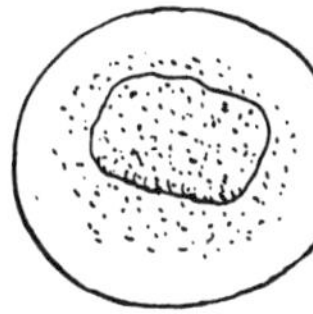

甘から団子

甘から団子の魅力は、甘さとからさの、絶妙なかねあいにある。

甘いのかというと、決して甘いわけではなく、ではからいのかというと、決してからいわけではない。

じゃあどっちなんだ、といわれるのが一番困る。

菓子のたぐいを、俗に〝甘いもの〟というが、甘から団子を〝甘いもの〟というわけにはいかない。

アンコをまぶしたほうは、明らかに〝甘いもの〟である。

うどんに、あんかけうどんというのがあって、あれも同様の甘からダレであるが、味わいにはかなりの違いがある。

砂糖の甘さと醬油独特のからさと、それに上新粉の粉っぽいモチモチ感が加わり、それを少し焼いて焦がしたところにこの不思議で魅力的な甘さが生まれるゆえんがあるように思われる。(㉖)

あ

甘酒

湯気の立つ熱いコップを口のところへ持っていくと、甘酒独得のムワッとした、拒絶の一歩手前であやうく美味に転じたような匂いが鼻のところに漂う。ズルッとすすりこむと、意外に甘みが強く、意外においしく、オオッ、甘酒ってこんなだったっけ、意外においしいじゃん、となぜか急に元気になる。

本当にいい甘酒には砂糖は入っていない。いないのにほどよく甘い。

半壊の米のモロモロしたものが、モロモロと口の中を移動していくのがよくわかる。

地味だがなんだか妙に心にしみる飲み物だ。たまにはこういう地味な飲み物もいいものですね。（㊳）

甘食

では懐かしの甘食を食べてみましょう。

底のところで合わさって一組になっている片っぽうをはがして一個にして手に持つ。

パクリ。

玉子パンよりは高く、カステラよりは低い小麦粉と卵とバター系の香りが立ちのぼり、そのままモクモク噛《か》んでいるとジワジワと、しかし確実に甘味がやってくる。

カステラのように、〝いきなり甘味〟ということがない。

そして甘味はカステラよりはるかに少ない。その少ないところに独得の、素朴でひかえめな味がある。

昔の甘食は表面がもっと湿っていて、手に多少くっつく感じがあったが、いまのはもう少し乾いているようだ。

その分、噛んでいてモクモクする。

モクモク、唾液のまわりがよくないなと思いつつモクモク噛んで、結局、唾液のまわりがよくないまま飲みこむ決意をすることになり、やや強引に飲みこむとき、ウックン、となる。

ウックンののち、誰もが歯ぐきのところにねっとりとした甘食の残りかすがへばりついているのに気づくことになる。

そこで、そこのところに急遽、舌の先を派遣してその除去に励むことになる。

第一次派遣、第二次派遣ぐらいではなかなか取れず。しばらくの間除去作業が続き、全部を除去しおわったとき、誰もが少し憂い顔になっている。

世の中を憂う、という顔になっている。(42)

甘納豆

甘納豆を食べるとき、なんかこう、甘納豆を労《いたわ》るような気持ちになりませんか。

小豆なんか小さくて、柔らかくて、ぐにゃりとしていて、そしてなんだか頼りなくて、つい、

「オーイ、大丈夫かぁ」

なんて一声、声をかけてから、一粒取りあげてポイと口に入れたりしませんか。

「大丈夫かぁ」なんて言いながら、結局嚙み砕いちゃうわけだけど、嚙み砕くのが痛々しい。ホロリとした柔らかさを労りながら嚙みしめると、ほんの一瞬、表面の砂糖がジャリッとして、最初のひと嚙みで小豆はほとんどつぶれてしまう。

ふた嚙みぐらいで、もう飲みこんでもいいわけなのだが、甘納豆は誰でも一粒を丁寧に味わうようだ。

一粒の隅々まで、嚙むたびに、「いまこうなったナ」「いまああなったナ」と、その姿を思い描く。

たちまちその一帯には、砂糖の甘みと、甘みにひたった小豆の味が漂うわけだが、

いかんせん口腔内の大容積に比べると小豆の一粒はあまりに小さい。

この作業は、広大な口腔のほんの片隅で行われているにすぎない。

すなわち口の中が寂しい。

だからといって、甘納豆は、一挙五十粒わしづかみ食いということはしないほうがいい。

口一杯に頬ばっておいしいものもあるが、甘納豆は一粒一粒のおいしさを丁寧に味わうものだ。片隅の幸福、小さな幸せを噛みしめるものだ。(㊱)

アメ玉

わたくしが子供のころ、直径三センチ近い大きなアメ玉があった。表面にザラザラしたザラメがついていた。

これを指でつまみあげると、まず指にザラザラ感が伝わってくる。

このザラザラ感は、快感というほどではないが、なんだか楽しめる感触ではあった。

それを口の中に放り込む。

まず舌がザラザラを感じる。そのあと、その巨大ザラザラアメ玉を右の頬と歯肉の間に押し込む。

子供の小さな口にとって、三センチ近いアメ玉はかなり巨大で、右側の頬がプーッとふくらむ。

しばらくそのままにしておいて、ときどき指で、そのふくらんだところを押してふくらみ感を楽しむ。

うん、ふくらんでる、ふくらんでる。

圧迫によってザラザラ感が強くなる。

うん、ザラザラしてる、ザラザラしてる。

ふくらみ具合を確かめるために、わざわざ鏡を見に行ったりする。

鏡を見る。

うん、ふくらんでる、ふくらんでる。

決して急いでなめつくそうなんて思わなかった。

むしろ、なるべく遅く、なるべくゆっくり味わおうとしていた。まさにスローフードを実践していたのだ。(㉒)

あ

鮎

鮎は川魚の王と言われるだけあって、その姿に気品がある。

清楚、清新。

鮎は高名な日本画家のテーマとしてよく取りあげられ、また、文豪の小説の中にもしばしば登場する。

そういう意味では、老大家にかわいがられる〝老人キラー〟の魚と言える。(㉗)

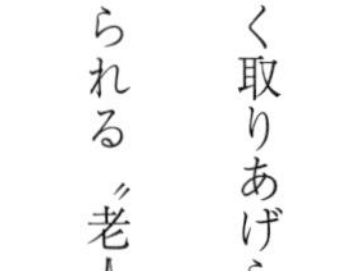

泡盛

泡盛はいずれもアルコールが三十度から四十度あって、口の中に入れると花火のように口中を激しく刺激する。古いものはトロリとした甘味があって、豚肉料理などには実によく合う。(❿)

あんかけ

「あんかけ」はなぜかこう、心が安まる。まず丼から立ちのぼる、甘みのきいた蕎麦ツユの匂いがいい。トロミという潤滑油のからんだ蕎麦の、唇の通過感がいい。のどごしがいい。唇に優しく、のどに優しく、胃壁に優しい感じがする。(㉞)

あ

あんかけ

「あんかけ」を無心にすすっていると、童心にもどりますね。

子供のころの、いろんな甘さの記憶が、次から次へとよみがえってくる。

あ、それからこのことだけはぜひお伝えしておきたい。
それは、具の麩《ふ》が実に旨《うま》いということです。
甘から醤油味のトロミをたっぷし含んだ麩から、噛みしめるたびにジュワジュワとその味がにじみ出てくる。麩の味を含んでにじみ出てくる。

普通のツユだと一気ににじみ出てくるが、トロミがついている分だけゆっくりジワリとにじみ出てくる。

このツユが旨い。（㉞）

アンコ

秋になるとアンコが恋しくなる。

アンコの世界にジワジワと接近していきたくなる。

逆に、夏はアンコを遠ざけたい。

アンコの世界がうっとうしい。

どうやら寒さとアンコは関係があるようだ。

秋が深まるにつれ、コタツ、熱いお茶、アンコもの、という図式が、ごく自然に頭の中に浮かんでくる。（㊲）

アンコ

目の前に粒アンとこしアンのおはぎがあるとします。

まず粒アンのほうを手にとって眺めると、こっちのアンコたちは全員が「個」の概念でおはぎ本体にはりついていることがよくわかる。

あるところは凸凹と折り重なり、全体の色も濃淡に富み、

「ぼくたちこうやってみんなで寄り集まってはりついてんだもんねー」

というような、なんだか楽しそうな雰囲気が感じられる。

だからぼくもつい、

「ぼくもそこに混ぜてー」

と言いたくなってしまう。（アンコに混ぜてもらってどーする？）

つまり〝みんな〟という感じがあるわけですね、粒アンのほうには。ところがこしアンのほうには〝みんな〟という雰囲気がまるでない。「個」という概念がまるで感じられないのです。

ただノッペリとはりついていて、誰が誰やら、誰が誰と折り重なっているのやら、そうした内部事情をひた隠しにしている態度が見うけられる。

粒アンのほうは一目見て身元がすぐわかる。

「小豆《あずき》です。逃げも隠れもしません」

と素顔をさらしているのに対し、こしアンのほうは、何者であるのかを隠そうとしているように見える。

事実、ちょっと見ただけでは身元がはっきりしない。

上流階級に成り上がったいま、小豆出身である過去を清算し、新しい世界に生きようというつもりのようだ。（㊴）

い

イカ

イカにとって、日本は天国である。

こんなに住みよいところはない。

ちゃんと調べたわけではないので、うっかりしたことは言えないが、日本ぐらいイカを優遇している国はほかにないのではないか。

フランス料理にイカは出てこないし、中華でもほんの一部に使われているだけだ。

イタリアとかスペインあたりは、だいぶイカとつきあっているらしいが、そのほかはあまり聞いたことがない。

そこへいくと、日本人のイカの優遇ぶりは大変なものがある。

やっかみも手伝って、「度が過ぎるのではないか」という声がタコあたりから出ているようだ。

日本料理の、実にもういろいろな方面にイカは登場する。

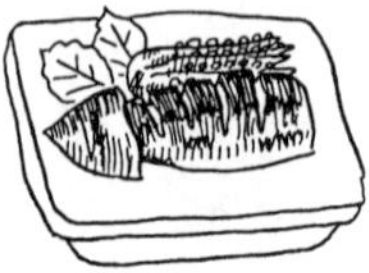

あっちからもこっちからも引っぱりダコだ。「イカのくせに引っぱりダコ。これは論理的におかしいのではないか」という声が、やはりタコから出ている。㉗

イカの塩から

イカの塩からに熱いゴハンはおいしい。

ふつうは、ゴハンの上にのせて食べるが、埋めこんで食べるのもおいしい。

ゴハンは、うんと熱くないといけない。

熱いゴハンに深い穴を掘って塩からを入れ、ゴハンでフタをする。

そして、いっとき、そのことを忘れる。

この「いっとき忘れる」ことが大切だ。

忘れてほかのおかずでゴハンを食べる。

そうしているうちに、不意に、埋めておいた塩からが発掘される。この喜びは大きい。そうだったんだ、埋めておいたんだ、と、不意の発掘を喜びながら食べると、塩から埋めこみゴハンは一層おいしく食べられる。

ゴハンの熱で、塩からはほとんど溶けかかっていてこれがおいしく、かつ、その周辺のゴハンへ塩からの味がしみわたっていて、この世のものとは思えないほどおいし

い。（㉗）

磯辺巻き

銀座の夜の街をほろ酔いかげんで歩いていると、屋台の磯辺巻き屋の匂いがしてくる。これもたまらない。

餅と醤油は誰もが知っている強力コンビだ。

海苔と醤油も誰もが知っている強力コンビである。

それぞれが独立していても十分強力なのに、その強力コンビが合体するのだ。

これ以上の強力軍団はない。

もうダメ、許して、堪忍、と言っているのに、そこへ更に熱が加わるのだ。

醤油に熱。これも誰もが知っている強力コンビだ。（㊶）

イチゴミルク

イチゴのさわやかな甘みと、酸味と、砂糖の甘みと、冷たい牛乳のかすかな脂肪が混ざりあって、思わず舌を鳴らしたくなるようなおいしさ。

イチゴにしみこんだ牛乳のグチャグチャ具合がいい。

い

イチゴミルクは、まさにこのグチャグチャ感を味わうものであって、つぶさず派はこのダイゴミを知らずに人生を終えることになるのだ。

つぶすことによって、イチゴの表面積が大きくなり、そこにからむ牛乳の量も多くなり、したがって舌の上に触れる面積も大きくなって味わいが濃くなる。

つぶしたイチゴと、つぶさないイチゴでは、はっきり味がちがう。

それでもつぶさないほうがいいという人は、そうしなさい。あとできっと後悔することになる。

うんと押しつぶして、ちぎれかかったところなんかを、ズルズルッとすすりこんだりしながら十個食べ終える。

そうするとですね、当然と言えば当然のことなのだが、皿の中に牛乳が残る。

イチゴ色に染まってイチゴの味がしみこんだ、甘くて冷たい牛乳が残る。

これをこのまま、両手で持ちあげて、皿に口をつけてゴクゴクと飲む。

これがおいしい。このゴクゴク飲みがおいしい。

コップなんかにあけて飲んだりしてはダメで、皿に口をつけて飲むのがおいしい。

イチゴをつぶさないと〝イチゴ色に染まってイチゴの味がしみこん

だ牛乳〟を作製することができない。

つぶさず派は、このおいしさを知らずに死んでいくことになるのだ。ヤーイ、ヤーイ。（㉗）

稲荷《いなり》ずし

稲荷ずしに於ける油揚げは、おかずではなく一種の皮である。

おにぎりに於けるノリと同じように、一種のパッケージともいえる。

パッケージではあるが、嚙みしめていると実はおかずであるということがよくわかる。

ここのところが、油揚げが考え抜いた独自のアイデアなのである。

ネーミングにも、心を配ったらしい。「稲荷」を持ってきたのがよかった。

これが単刀直入の「油揚げずし」だったら今日《こんにち》の成功はなかったに違いない。（㉓）

稲荷ずし

イナリ寿司を、昼めしどきに会社の机で食べるのはわびしい。

しかし、公園のベンチで食べるとイナリ寿司はがぜんおいしくなる。

イナリ寿司は屋外が似合う。

イナリ寿司は公園のベンチが似合う。

イナリ寿司は、どちらかというと陰気な食べ物だが、公園のベンチに持ち出して陽にあててやると急に陽気になる。（31）

稲荷ずし

稲荷ずしってやつは、なんかこう、妙に懐かしい感じがするやつですね。

懐かしいといっても、ここんとこずっと会ってなくて、久しぶりに会って懐かしいというのではなく、しょっちゅう会っているのに妙に懐かしい。

会うと思わず、元気でやっているか、と肩をたたきたくなる。

実際には、稲荷ずしには肩がないので、たたいてやることはできないが、声ぐらいはかけてやりたくなる。（30）

い

いぶりがっこ

いぶりがっこの大根は入念に干してあって皮は相当硬い。入れ歯の人にはちょっとムリかもしんないな。なんとかめり込ませることはできるが食いちぎるときが問題だな、というような硬さで塩気は中程度。燻製の匂いは意外に少なく、全域に軽く煙がしみこんでいるな、という程度。甘みはほとんど感じられず、強いていえば大根自体の甘みといったところだろうか。

全体としては、東北のいろりの上空の味だ。(⑳)

う

うどん

うどんを茹でているひとときって、なかなかいいものですね。鍋の中のうどんたちは、まるで激流の中の生きもののように、群がったり、離れたり、突如、うずを巻いて沈んでいったりする。

見ている自分は無心。

ときどき思い出したように、ところどころ箸ですくいあげたりするが、ほとんど意味はない。茹であがったうどんたちを、ザルにすくいあげて冷たい流水の中に放してやる。

放たれたうどんたちは、谷川のせせらぎの中の魚のように、こんどはゆっくりと泳ぎはじめる。

そのときのうどんたちは、まるで頭としっぽがあるようにみえる。(㊸)

梅干し

梅干しを一個、目の前に置かれて、動揺しない日本人はいないと思う。

そのときの脳波なんかを測定したら、大きな動きが見られるだろうし、心電図なんかも激しく波うつにちがいない。

口中には大量の唾液が分泌し、眉は八の字になり、目はうるみ、口の周りの筋肉は緊張して梅干しそのものとなる。

見ただけで、これほど人間の肉体に影響を与える食べ物がほかにあるだろうか。

(㊸)

梅干し

梅酢の中に永年逗留していたおかげで、もうすっかりグズグズになって、ところどころ皮の破れかかっているのを、ハシの先にほんの少しつけて口に入れる。

ウーム、酸っぱい。

歯が浮くような激しい酸味と、鋭い塩気で身ぶるいが起こり、顔中がシワだらけになり、アゴの下が梅干しになり、一瞬、拒絶したいような衝動が起こり、しかしこのまま味わっていたいという強力な欲求も起こる。

母親に叱られた子供が、激しく泣きわめき、手足をバタつかせて反抗しつつも、しがみついていくときのような、人間の根底をゆるがすようながむしゃらな感覚を梅干しは与えてくれる。

そういう強大な力が、梅干しにはある。

この身ぶるいはゴハンを呼ぶ。

ゴハンなくしては、この身ぶるいは治まらない。（㉕）

え

駅弁

駅弁は、どういう条件が満たされたとき一番おいしいか。

まず、《食べ始めてから食べ終わるまでの列車の移動距離が大きいほどおいしい》というのがある。

移動距離が小さいほどまずい。

食べ始めたら、急にトンネルにさしかかってしまい、しかも何かトラブルがあって停車してしまって、トンネルの中で食べ終わった、というのが最悪である。(27)

駅弁

駅弁というものは、一種のイメージ商品であるから、旅と切り離すと途端につまらないものになる。

家に持って帰ってつくづく見れば、たとえば横川の釜めしだって「何なんだッ、これは」ということになる。
「重くて困るじゃないかッ」ということになる。

イメージ商品であるから、舞台装置いかんで大いに味が変わってくる。

列車が止まっているときと、走っているときでは大いに味がちがう。

走っているときはおいしいが、駅で止まったりすると急に味が落ちる。

だから、駅弁を食べていて駅に止まったりすると、箸を置いて発車を待つ人もいる。

〝揺れ〟も大いに関係がある。

ヒザに置いた弁当から、茹《う》でたウズラの卵を箸でつまみあげようとした途端、列車が揺れて取り落としたりすると大いに旅情が増す。

また、例の小さなひょうたん型のソース入れから、エビフライにソースをかけようとして、手元狂って隣のカマボコにソースをかけてしまったりしてもやはり旅情が増す。（㉔）

枝豆

枝豆は貧しい。ペラペラした安普請の家に一家は隙間なくギッシリと肩をすくめるように生活している。そのせいか体格もよくない。(⑬)

枝豆

枝豆は、家が貧しいゆえに向上心がある。将来への展望もある。今は枝豆という貧しい身分だが、いずれは大豆となって豆腐にもなろう、納豆にもなろう、ガンモドキにもなろうという大望がある。あるいは醸造菌と結託して醤油や味噌にもなろうという野望もある。(⑬)

枝豆

枝豆は、食べて味わうというより、一種の手作業を楽しむ部分のほうが大きい。枝豆は左手に持ち、一粒の下端部に親指と人さし指をあてがい、これを圧迫してややわやわと送り出し気味にする。そうしておいて、今度は上下の歯をこの部分にあてて再びやわやわとサヤの上部に移動させていってついに枝豆が口中にポロリと落下する。

落下を確認した口中は、ただちに咀嚼《そしゃく》態勢に入ってその粉砕を試みる。

口へ入れるまでに、このような複雑にして高度な技術と作業を必要とする食物は少ない。

この作業を取り去ってしまうと枝豆はとたんに色あせたつまらない食物になってしまう。

枝豆がすべて剝《む》かれ、たとえばドンブリに山盛りになって供されるという習慣になっていたとしたら、枝豆の今日の栄光はなかったに違いない。

ドンブリに山盛りの剝き枝豆を、スプーンかなんかでしゃくって食べているところを想像していただきたい。

口ン中は枝豆だらけ、うまくもなんともないに違いない。

枝豆はやはり一粒ずつ、手間ひまかけて食べるのが正しい。（⑩）

（お）

おこし

おこしには粟粒が整然と並んだ物静かなものもあるが、ピーナツや大豆を荒々しく砕いてはりつけ、大小様々な空洞を見せている粗暴なものもある。

この粗暴系のおこしを食べるときの顔つきは、お餅を食べるときの顔つきとまるでちがう。とりあえず、厚さ三センチの粗暴系を、上の歯と下の歯の間にあてがったところを想像してください。

ホラ、もう、すでに顔つきがちがっているでしょう。目が上目づかいになっていて、歯ぐきも少し出ていて、もちろん歯は全面的にむき出しになっていて、眉間のあたりには決意のようなものが浮き出ている。

険しいというか、凶暴というか、そういう顔つきになっている。（36）

お酒

「お酒」

と聞くと、とたんに意地きたなくなる人がいる。

意地きたなくなるというか、ソワソワするというか、浮足立つと

いうか、なんかこう、早くも手の甲で口のあたりをぬぐう真似《まね》などして落着きがなくなる。

すぐさま、その「お酒」のとこならどこへでも飛んでいくぞ、という態勢になる。

そういう人がいるものである。

たとえばだれがそうか、というとぼくがそうなのである。（❹）

押し麦

押し麦をよく見ると、一粒一粒がきちんと〈ふんどし〉をまん中にして正面向きで押しつぶされている。横向きにつぶされている麦が一粒もない。一粒一粒、正面を向かせてから押しつぶすのだろうか。（㉓）

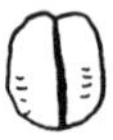

おじや

おかゆは〝お〟を取った〝かゆ〟でも意味は通じるが、おじやは〝お〟を取った〝じや〟ではなんのことだかわからない。このへんにも、おじやの不運が如実に物語られているようだ。（㉗）

お汁粉

小豆《あずき》を煮て甘くしたものには、人を慰める力がある。
特に日本人は、小豆に慰められる。
本人はともかく、遠い昔から小豆色に染まっている日本人の遺伝子が慰められる。
餅にもそういう力がある。
弾力のあるお餅をアグアグと噛んでいると、心がしみじみしてくる。
少しずつ安心してくる。
肩から力が少しずつ抜けていく。
あれは一体何でしょうね。
お餅を噛んでいると次第に興奮してくる、という人はまずいないと思う。
小豆と餅という、日本人の二大精神安定剤がいっしょになったものがお汁粉なのだ。

(33)

お汁粉

お汁粉は、一口すすってホッとし、二口食べて心が休まり、三口すすって胸の奥が温まる。

　食べていて、

「これが食べたかったんだよねー」

という思いは、お汁粉が一番強い。

甘い、ということが、このことと大いに関係している。

甘いものは人の心を和《なご》ませる。

熱い、ということも大いに関係がある。

ままごとっぽい、というところも、人の心をホッとさせる原因となっている。

お汁粉は、どの店でも小さくて、かわいらしい容器に入れられて出てくる。外が黒くて、中が赤くて、かわいいフタがしてある。

フタを取ると、ほんの少しの小豆と、小さくてかわいらしいお餅が一つか二つ。

㉝お新香

もし、世の中にお新香がなかったら……。

もし、ぼくの人生からお新香を差し引いてしまったら……。

そうですね、わが人生の楽しみの11／84は確実に減るでしょうね。

そうなのです。わが人生の楽しみの、11／84は、お新香によって占められているのです。

わが人生に、お新香が果たしている役割は実に大きい。（㉘）

お新香

お新香のおいしさは、〝漬かっているときの悲惨度〟に正比例するようだ。

タクアンで言えば、屋外の冷たさ、木枯らし、重石《おもし》の重圧、フタをおおいつくす白や黄色のカビ、そうした状況が悲惨であればあるほど漬物はおいしくなる。

すなわち、お新香の製作過程は、いまはやりの３Ｋ（きつい、汚い、危険）の世界と言える。

３Ｋ指数が高ければ高いほど、お新香はおいしくなる。（㉘）

おせち

おせちというのは、日本料理特有の〝盛りつけ〟の極限状態を現出しているのだ。

おせちの盛りつけには一分のスキもない。

見てごらんなさい。どこかにスキマありますか。

幕の内弁当なども、おかずがギッシリと盛りつけてあるがどこかにスキマがある。くどいようだがおせちにはスキマがない。

何十種類というおかずを、スキマなく、整然と、彩りなんかも考え、紅白のカマボコは紅白交互に、レンコンはナナメに倒して切断面を見せ、キントンは平らにならし、ところどころに緑色の葉を配置し、もはやどこも動かしようのない整然美の世界を構築しているのだ。(42)

お雑煮

元日の朝食べる雑煮、これもよくよくしみじみ眺めてみると、実にもう陰気な食べ物ですね。

色がついているような、ついてないような汁に、具として里芋、大根、しいたけ、小松菜、鶏肉に三つ葉、といったところが最近の傾向である。

貧相で地味。そして暗い。

一年を通じての最大のハレの日の、初日筆頭の食べ物としては華がなさ過ぎはしないか。それに、雑煮には毅然とした態度がない。「具はこれとこれとこれ」と、はっきりした方針を示さない。

ラーメンには、「メンマと焼き豚とノリとナルト。以上」と毅然としたところがあるが、雑煮は実にもう何でもいいのである。

前述のもののほか、エビもOK、豆腐よし、ニンジンいいですよ、カマボコ結構、コンニャク大歓迎、ブリの切り身？　どうぞどうぞ、と定見というものがない。

汁のほうも、鰹節だけでもいいし、昆布を入れてもいいし、鶏ガラスープでもいいし、三者混合でもいいという。

こうなったら、メンマと焼き豚と麺も入れて、餅には出て行ってもらって、いっそラーメンにしちゃってもいい、ということになりはしないか。

名前もよくない。

雑煮の雑がよくない。雑巾、雑菌、雑草、雑然……いい意味がひとつもない。

何だか目出度《めでた》かるべき新年早々、小言ばかりで暗くなってしまった。

しかし、雑煮は、こうした環境から身を起こし、ついに、一年で最も目出度いハレの日の筆頭の食べ物、という身分にまで上り詰めたのである。

雑の字仲間の出世頭、ということができる。

目出度い話ではないか。(㉔)

お雑煮

雑煮の実態をみてみましょう。

まずツユ。

地方によっていろいろ違うようだが、関東の場合で考えると清《す》まし汁。

カツオ節と昆布のさっぱり醤油味。

具のほうはどうか。

まず小松菜、そして鶏肉、カマボコ一切れ。さらにシイタケ、ニンジンなどを入れる家もある。

小松菜は野菜仲間のうちでも性格が地味、そして別名粗末菜とも呼ばれているように（呼ばれてないか）、とにかく粗末、貧寒の気配がある。

鶏肉。平凡。

カマボコ。迷惑。

そして主役の餅。

そばやうどんは、もともと〝水棲動物〟でツユの中に沈んでいるときが本来の姿だ。

そのほうが生き生きとして見える。

陸《おか》に上がっているときの、たとえば箱の中で肌身をさらしているそばやうどんはなんだか痛々しい。

餅は〝水棲動物〟ではない。

もともと陸で生きていく食べ物だ。

だからぼくはツユの中に没している餅を見ると気の毒でならない。

「キミの本来の姿はそれじゃないだろう」

と言ってやりたくなる。

ツユの中の餅は、なんだか〝水没〟もしくは〝沈没〟という気配があり、おぼれ終わっていまは静かになってるという様子もうかがえる。

主役が沈没しているというのはいかがなものか。

その沈没した主役を引きずり上げて少しかじり、また沈没させるという行為は道徳的にもいかがなものか。

それに主役自身がいかにも地味すぎる。（㊳）

お茶漬け

ふつうのゴハンは団体で味わうが、お茶漬けは一粒一粒を味わう。

また、その一粒一粒の味が、団体のときよりよくわかる。〝米粒の味〟と〝ゴハンの味〟は別のものなのである。

流域のあちこちで、米粒の味がし、塩鮭のひとかけの味がし、お茶の味がし、一つ一つの味が味わい分けられ、そしてそれらの総合の味も味わうことができる。（㉙）

お茶漬け

つい最近、自分でお茶漬けを食べてみて、その擬音語は、サラサラでもサクサクでもなく、何と、〝ズブロロロ〟であることが判明したのである。

今度、自分でやってごらんなさい。

誰がやっても必ず、ズブロロロになる。（㉙）

おでん

おでんのヨロコビは、いじるヨロコビである。このことがこのトシで初めてわかった。

おでん屋の店主はおでんをいじってばかりいる。

おでん屋の客は、皿の中のおでんをいじるともなくいじっている。

（㊲）

おでん

おでんは不思議な食べ物である。

おでんは一家団欒によく似合う。

クックツと煮えたつ大鍋を囲んで、子供たちに両親におじいちゃんおばあちゃん、ハフハフ、ホフホフ、「ハンヘンガ、ヨフ、ニヘタネエ」（ハンペンがよく煮えたねえ）なんて言い合ってお互いの顔が湯気でよく見えない。ガラス戸が湯気で曇る。

このぐらい一家団欒に似合う食べ物は、ほかにないのではないか。

（お）

と思う一方、たった一人で、例えば木枯らし吹きこむ屋台などで、面白くないことがあった日に心をささくれだたせて食べるおでんも、これはこれでまたよく似合うのである。

ここはやはりおでんでなければならぬ。ヤキトリでは軽すぎて絵にならぬ。酔余、目をウツロにさせ、左手で頬を支え、右手の箸で湯気の立つジャガイモなんかを邪険に突つき、突ついたあと食べるとおいしい。

おでんは、こうして相反する状況に実にピタリと似合ってしまう。（㉔）

おにぎり

おにぎりは、室内で食べるとおいしくない。屋外に限る。それも少し体を動かしたあとがおいしい。体を動かしたあとといっても、例えばピンポンのあとなどはいけない。やはり山登りに限る。三時間ほど山道を登って、お昼少し前、というあたりが時間としては最適である。（㉓）

オムライス

皿の上のオムライスは、置かれている、というより、明らかにグッタリと〝横たわって〃いるのであった。あるいは〃寝かしつけられている〃という表現でもいい。

しかも何かを〃よく言いふくめられた上で〃寝かしつけられているのである。

この横臥《おうが》感はどこからくるのだろうか。

寝かしつけられている、ということになると、どっちが頭で、どっちが足か、という問題が出てくる。（⑯）

オムレツ

オムレツは、中身も皮も、もともとは同じものである。生卵をといたものだ。この同じものが、ある時点を境にして、あるものは皮への方向に向かい、あるものは中身の方向に向かう。

そして最終的には、皮と中身とに、厳然と分かれる。

人の世の何かを思わせて、感慨が深い。（㉖）

お餅

お餅といえば正月。

この時期以外にも、むろん食べるわけだが、何となく正々堂々と胸を張って食べることができない。

コソコソというほどではないが、世間をはばかるようなところがある。

別にいつどこで食べてもいいわけで、保健所がうるさいとか、警察がうるさいとか、そういうことはないのだが、何となくうしろめたい。

餅の中でも、特に雑煮にその傾向がつよい。夏の盛りに雑煮を食べても一向にかまわないのだが、そういう人はまずいない。

だから正月近くになると、ようやく〝餅解禁〟という気持ちになる。

「食ってみっか」という気になる。(㉕)

お餅

餅は生醤油。

いろんな食べ方があるが、とにかく生醤油。コンガリと狐色に焼けて、プーッとふくれているのを、アチアチなんていいながら右手から左手へ。左手から右手へ。それでもまだアチーが、それをがまんして生醤油へ。

生醤油から口へ。（43）

お餅

焼いたお餅にお醤油をつけて食べていて、ふと思いました。お餅の魅力は味が半分、噛み心地が半分だと。

お餅をウンニャラコ、ウンニャラコとゆっくり噛んでいると心の中まことに平和。悩みごと少しずつ頭から離れ、かたつむり枝に這い、揚げひばり空に舞い、すべて世はこともなし。

この、よってもって来たるところを探求すると、それは餅の弾力にあることに思い至る。

餅は、口の中でモチモチとはずむ弾力が旨い。ドクター中松のバネのついた靴を、歯に履いているみたいでまことに心地よい。

餅を食べているときは、上の歯と下の歯の間に常に餅が存在していて、上下の歯が直接衝突することがない。

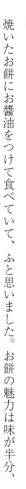

このクッションが心地よい。

このクッションが心に平和をもたらす。

ゆっくり噛みしめていると、餅独得の、ほんのちょっと苦いような味がして、それからだんだん甘い米の味になっていき、そこへ醬油の味がからんでくる。まるで、口の中で、醬油をつけ水にしてお餅をついているみたいにからんでくる。（㊱）

親子丼

親子丼は、親としての鶏肉と、子としての卵から成りたっている。

親としての鶏肉には、父としての鶏肉と、母としての鶏肉とがある。

テーベ王の息子エディプスは、運命の糸にあやつられて、それとは知らず父王ライオスを殺し、母イオカステと結婚し、そのため妻は縊死《いし》した。

この惨劇が、まさに親子丼の丼の中で行われているのだ。

見よ。父と母はこま切れとなって、その区別さえつかぬまま散乱している。（⑰）

(お)

おやつ

最近は、おやつという概念がなくなってきたように思う。

かつては、十時と三時がおやつタイムということになっていて、それまで遊び呆けていた子供も、その時間が近づくと時計とにらめっこを始めたものだった。

この十時と三時という時間は、いいかげんなものではなく、非常に厳密なものであった。

「あっ、十時。おやつ、おやつ!」

と子供が叫ぶと、

「まだ五分前です。あと五分!」

と母親は厳然といい放って、おやつタイムの完全施行につとめるのであった。

このごろなぜおやつの習慣がなくなってきたかというと、その原因は冷蔵庫の普及にある。

現代のガキどもは、十時だろうが十一時だろうが勝手に冷蔵庫をあけ、

「なんかないかなー」

などといいつつ「なんか」を冷蔵庫の中から発掘して食べてしまう。(❺)

おろしにんにく

さっぽろラーメン屋のおろしにんにくは、たいていフタつきの小さな壺状の容器に収納されていて、非常に小さな耳かき状のサジがついている。

この小さなサジは、

「大量に使用したら許さんけんね」

という店側のけんね的警告を無言のうちに提示しているものなのである。

ぼくはもともとにんにくが大好きで、特にさっぽろラーメンにおいてはその大量確保、大量消費を旨としている者なのである。

あの壺状節約奨励型容器の中のにんにく全部を、思うがままに駆使してラーメンを食べ終えたいと常に願っている者なのである。

この多大な要求に対峙するものが、あの小さな耳かき状サジである。

さっぽろラーメン屋にはいって、小さなサジを眼前にしたときから、これから起こるであろう様々な相剋、困難を思い、当惑、混乱、興奮の度合はいや増すばかりとなる。

中腰の度合もいっそう激しくなる。

ラーメンが到着する。
ぼくはおもむろににんにく容器のフタを取る。
そしてまず一杯目のにんにくをすくいあげ、
「これは当然の権利だかんね。文句いわれる筋合いは一つもないかんね」
と、かんね的態度でもって堂々と胸を張ってそれをドンブリの中に投入する。
けんね的態度には、かんね的態度で対応しなければならぬ。
これを「けんねかんねの法則」という。(❽)

か

回転

寿司屋は回転すると安っぽくなり、中華料理店は回転すると高級になる。(㉙)

回転寿司

回転寿司はお見合いである。

すわって待っていると、相手が次から次へ、

「あたし、どう?」

と近づいてくる。

「ちょっとなー」

と難色を示すと、相手はあっさりあきらめて退場してくれる。

気に入ったときは、もうすぐ、その場でナニしちゃう。

とても気に入ったのだが相手の身分が違いすぎてあきらめる、ということもある。

身分の違いは皿の色でわかる。

鮮度という問題もある。

とても気に入ったんだけど、相手はどうもなんだかすでに何人も何人もと、じゃなかった、何周も何周も回っているということも考えられる。

なにしろ見合いの相手は次から次へとやってくるわけだからまことにめまぐるしい。

速攻、速決でいま気に入った相手とナニしながらも、目はすでに次のお見合い相手

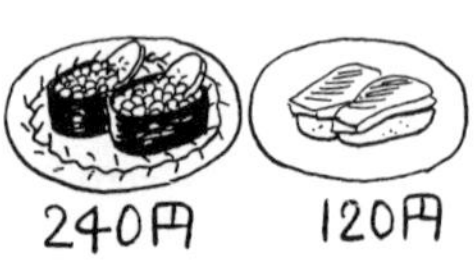

を物色している。
よく考えてみると、回転寿司というのはとんでもない形態の食事と言わざるをえない。（㊷）

回転寿司

回転寿司は渓流釣りに似ている。寿司職人が釣り人で、客は渓流にひそむ魚である。釣り人はハリにエサをつけ、渓流に流して様子を窺っている。魚もエサの様子を窺っている。そしてときどきエサにとびつく。釣り人は「かかった、かかった」と喜んでいる。（㉓）

カイワレ

カイワレ大根の本業は何か。
とりあえずカイワレの登場箇所をチェックしてみよう。
エート、安い居酒屋の刺し身の横んとこなんかに、寂しげに横たわっているなあ。
冷や奴の上に弱々しく寝ているなあ。
和風スパゲッティの上で、自信なさそうにうなだれているなあ。

（か）

安い海鮮丼なんかの上で、すまなそうに倒れ伏しているなあ。

安いハンバーグの上で、声もなく泣き崩れているなあ。

カイワレ大根を表現するここまでの言葉をチェックしてみよう。

安い、寂しげ、自信なさそう、弱々しい、横たわる、倒れ伏す、泣き崩れる……。

明るい表現が一つも出てこないではないか。

これは一体どういうことなのか。

確かに、ぼくはこれまでカイワレが居心地よさそうにしている場面に出くわしたことがない。

どこに居てもカイワレは、なんだかすまなそうに横たわっている。

カイワレが元気一杯、という場面を一度も見たことがない。

カイワレはいつだってうなだれている。(㊶)

カキ

貝類にとって、殻は家である。

そういう意味から言えば、カキの家は、身分不相応なほどの豪邸である。

カキの殻をこじあけてみるとわかるが、カキは、この豪邸の中で実に窮屈に暮らしている。

上下の肉厚の殻の間の、ほんのわずかなすき間に、寝そべるように暮らしていて起きあがることさえできない。

せっかくの立派な家なのだから、広くゆったりした空間をとり、ゆとりのある生活をすればいいのに、見ていてため息の出るような暮らしぶりだ。

カキは、収入（エサ）の大半を、住宅（殻）に回しているらしい。

食費をけずっても住宅のほうに回す、というのがカキの生き方のようだ。（㉖）

かき揚げ

世間一般のカキアゲのコロモは、具を接着するのをその役目としている。

立ち食いそば屋のコロモも、何かを接着しようという意志はあるのだが、その相手がいない。

いや、いることはいるのだが、あまりに微量で接着というより埋没といったほうがいいくらいの量なのである。

そこでコロモは、接着の役目を果たしつつも、実はカキアゲ本体でもある、という矛盾した運命も背負わされて、ソバの上にのせられるのである。

つまりカキアゲの全域がコロモなのだ。

カキアゲと称してはいるが、実はコロモアゲなのだ。(㉖)

かき揚げ丼

かき揚げ丼を食べ始める。サクサク……。サクサク……。

とりあえずかき揚げを突きくずす。

かき揚げは、最初のこの〝ツキツキ、サクサク〟がいいんですね。

茶色いかけ汁がいましみこんだばかりのコロモを、箸で突きくずして口に入れる。

続いて、その下の、やはりかけ汁がマダラにしみこんだ熱ーいゴハンを口に入れる。

サクサクのコロモが、口の中でシャクシャクとくずれ、油を吸った小麦粉香ばしく、甘から醤油のしみこんだマダラゴハンホクホクと口に甘く、ところどころの小エビムチムチと歯と歯の間でつぶれ、小柱キシキシと歯にきしむ。

そしてときどきミツバの香り。

かき揚げの魅力はサクサクの魅力。

サクサクは透き間の味わい。

具とコロモがみっしりと結合していなくて、か細いコロモが空気を含んでかろうじて繋がり合っている。

そこのところを、箸と歯で、サクサクとくずしていくおいしさ。

ここで一度整理してみると、かき揚げ丼は、ツキツキ、サクサク、シャクシャク、ムチムチ、キシキシ、ホクホク、と擬音だけで表現することができることがわかる。

㉛　かき氷

かき氷がテーブルに到着すると、まずその全容を慈愛のこもった目でひとわたり見回す。

見回したあと、サジを用心深く抜き取り、氷の頂上を、叱るがごとく、さとすがごとく、いつくしむがごとく、ペンペンと軽くたたく。ついでに周辺もペンペンとたたく。

山盛りのかき氷は、ともすればテーブルの上にハラハラとこぼれ落ちようとする。

この剝離、崩落を防止するために、最初のペンペンは欠かすことのできない作業なのである。

このあとは、頂上から攻める人と、山の中腹にトンネルを掘って掘り進む人に分かれる。

頂上から攻める人は性格の明るい人が多く、トンネルを掘る人は暗い人が多かったようだ。（㉓）

カキフライ

十月に入って、町のトンカツ屋の店先に、

「カキフライはじめました」

の紙が貼られると、カキフライ好きは、待ってましたとばかりに、いそいそとトンカツ屋のノレンをくぐることになる。

カキフライは、冷やし中華と共に、世に名高い「はじめましたもの」の双璧《そうへき》である。

冷やし中華のほうは、「はじめました」と言われても、それほどいそいそしないが、カキフライのほうはどうしてもいそいそしてしまう。〝いそいそ度〟という点では、カキフライのほうがはるかに高いということになる。（㉖）

学食

トンカツ、コロッケ、フライ、カレー、チャーハン、豚汁、ラーメンと、考えてみればあのころの学食の食事は、全体が茶色一色に染まっていたのだった。そして、全体が、脂にまみれていたのだった。

青春とは脂だったのだ。(㉗)

菓子パン

いわゆる菓子パンといわれる連中は、不真面目というわけではないが、食パンなんかに比べれば真面目さが明らかに足りない。パン界の遊び人、ということもできる。だからかえって、主食方面での評価は低いが、間食方面では大人気となっている。

ゆるぎない地位さえ確保している。(㉓)

柏餅

柏餅をつくづく見ていると、柏の葉というものはつくづく柏餅のために生まれてきた葉っぱなんだな、と思わざるをえない。

その大きさ、タテ幅、ヨコ幅、ギザギザのつきぐあい、葉の拡がりぐあい、明白な葉脈の展開、そのすべてが柏餅に合わせてデザインされているといっていい。

柏の葉は、生まれながらに柏餅と出会う運命だったのだ。

二人は赤い糸で結ばれていたのだ。

もし柏の葉があの大きさではなく、台所のまないたぐらい大きかったら、餅のほうも巨大なものにしなければならず、それはちょっとムリなので、この話はなかったことにしよう、ということになったはずなのだ。(35)

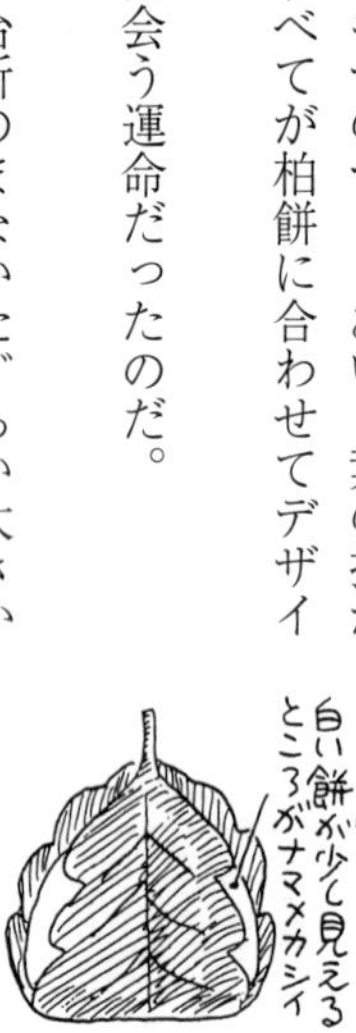

カステラ

カステラは、フォークで切ったりして食べるとおいしくない。

カステラは手づかみ。手で持つとペタペタと手に付くが、それでも手づかみ。

カステラは重さがおいしい。

スポンジ状のものは軽いという固定観念を裏切って、カステラは思ったより重い。その、思ったより重い分だけ、そこに濃縮さ

まず矢印をパクリ

れたカステラの甘みを感じる。

おそるおそる、という感じで上の茶色いところを人さし指と中指で、底の茶色いところを親指でつかみ、左側のカドのところを口に持っていく。（㊱）

固焼きセンベイ

センベイ、タクアン、シオマメのたぐいは、その音が味わいに大きなかかわりを持つ。味と音、合わせて一本である。

固焼きのセンベイなどは、音による興奮さえ伴う。

固焼きのセンベイを前歯でバリリとへし折り、ただちに後方に送りこむと、奥歯は待ってました、とこの難物の粉砕に取りかかる。

センベイの大型破片の尖ったところが舌や天井にゴツゴツ当たって痛く、しかし嚙むのは止められず、耳のすぐそばではバリバリと大音響が発生するし、嚙み砕きつつ何かこう（大変なことになった。これからどうなるのだろう）と自分ながらに不安になる。と同時に少し興奮もする。しかし事態はその後それほど大事には至らず、ゴツゴツした破片は細片となり、細片はやがて湿りを帯びる。

こうして事態は収束の方向に向かい、やがて穏やかな終焉の時を迎える。

こうしてせっかく、事態は収束したのに、またしても次なる一枚のセンベイは取りあげられ、嚙み砕かれ、大音響はひびきわたり、不安と興奮のひとときが訪れてしまうのである。(㉔)

カツオのたたき

カツオのたたきは、うんと厚く切って食うとうまいという。

カツオのたたきは四国の土佐に生まれた豪快な料理だから、豪快に切って豪快に食えという。

とんでもない話だ。

土佐料理の店でも、料理の本でも、カツオは一センチぐらいの厚さに切ってある。厚さ一センチ、タテ四センチ、ヨコ六センチといった大きさだ。

こんな巨大な切り身を口の中に入れたら、口の中はカツオで一杯になってしまって、アグアグとなってしまって、とても味わうどころではなくなる。

カツオというと人は急に張りきってしまうようだ。

それシソだ、それミョウガだ。ネギだ、ニンニクだ、ショウガだ、酢だ、たたくんだ、いやなでるんだ、と張りきってしまう。

ふつうの刺し身として食べよう、と思う人は少ないようだ。

カツオだからと張りきらないで、あわてないで、心を落ちつけて、ふつうの刺し身として食べたほうがずっとおいしいと思う。厚さもマグロの刺し身と同じくらいにして、ただし、カツオにはワサビではなくショウガが正しい。

ま、しかし、〝たたき〟か〝刺し身〟かは、好みの問題ではあるけどね。(㉖)

カツカレー

カツライスのカツは平らに寝ている。カツ丼のカツもやっぱり寝ている。カツに限らず、ステーキでもハンバーグでも、コロッケでも畳でも、大抵のものは寝ているものなのだ。

ところがカツカレーのカツに限って、ゴハンに寄りかかって半身を起こしている。なんかこう、片ひじついて横になったカツが、オイデオイデをしているような錯覚にとらわれる。この誘惑に大抵の人はやられるのだ。(㊲)

カツカレー

カツカレーを見てみよう。

カツとカレーは、食堂のメニューでは隣同士である。

隣のカツが、カレーにのしかかったのである。

のりあげたのだ、と言う人もいるし、おおいかぶさったのだ、と言う人もいる。

カツカレーをしみじみ見てみると、この表現はまことに適切である。

カレーはカレーとして、十分にやっていける一皿である。ときとして、福神漬やラッキョウの援助は受けることもあるが、立派な独立国家であった。

小なりと言えど、平穏無事な日常であった。

そこへ、何を思ったか、突然、カツが乗りこんできて、おおいかぶさったのである。

そして、いつのまにか、カレーを併合してしまったのである。

併合宣言があったわけではないが、併合を、巧妙に既成事実化してしまったのである。

「カツカレー」という名前がその事実をよくあらわしている。「カレーカツ」とは言わず、暗にカツがカレーを支配下においたことを、世間に認めさせたのである。(㉘)

(か)

カツサンド

サンドイッチというものは、もともと小腹の足し、というか、軽食に属するものだがカツサンドはちがう。堂々の一食だ。

他のサンドイッチは、卵の白や黄色や、サラダ菜の緑や、トマトの赤など、彩り華やかだがカツサンドはちがう。

堂々の茶一色だ。

そしてまた、切り口の魅力にあふれている。他のサンドイッチは、パンとパンの間に具が〝見えかくれ〟するが、カツサンドはちがう。堂々の露出だ。あるいは開帳と言ってもいい。

そこに自信にあふれた積極性を感じる。見ろ、という姿勢を感じる。(㉟)

カツサンド

ふだんの食生活の中で、こんなにもしみじみと肉の切り口を見る機会はまずない。カツサンドのときに限って、初めて〝肉の切断面はこんなにも魅力に満ちたものであったのか〟と気づく。

わずか一センチほどの厚さの肉ではあるが、その一センチの厚さを、上から通過していく刃物の刃先の時間の経過さえ感じられる。カツを取り囲むパンのほうはどうか。肉厚のカツに押しつぶされて薄くなった部分が、カツの先端のほうに移行していくに従って少しずつ厚くなっていく。ここのところの、パンとカツが織りなすカーブが、いつもぼくの心を躍らせる。（㉟）

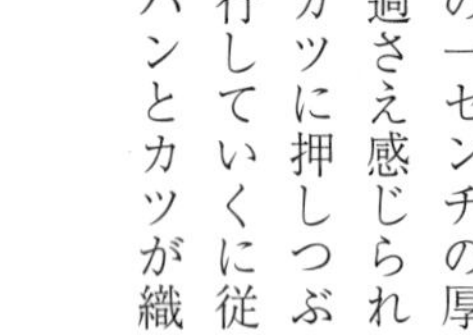

カツ丼

「カツ丼」と聞いて興奮しない人はまずいまい。

数ある丼物の中でも、カツ丼の興奮度は高い。

「カツ丼」と聞いただけで興奮するのだから、目のあたりにしたときの興奮はその極に達する。

そば屋などでは、カツ丼のフタを取って、馬のように鼻息を荒くしている人を数多く見かける。

「ウーム、チクショウ。さあ殺せ」

と叫んでいる人もあちこちで見聞する。（しないか）（㉔）

か

カツ丼

カツ丼のフタを開けてみよう。

丼は、そば屋で出てくる、朱や金や青で彩った「錦手《にしきで》」という派手なやつがいい。志野焼入りなんてのもたまにあるが、あれは陰気でいけない。

派手な模様入りのフタを開ける。

そうすると、どうしたってまず目につくのが、茶色く揚がったトンカツである。

こいつに目がいかない奴はどうかしている。あっちいけ。(どうも興奮しているな)

茶色くトゲトゲに揚がったコロモが、濃いかけ汁を吸って、濡れてしとってふくらんで光っている。

その周辺および上部にかけまわした、黄色と白のまだら模様の卵。

それらの間に見えかくれする細切りの玉ねぎ。褐色と黄色と白の一団の上に緑のグリンピースが三つ、四つ。おや、裾野のほうに転げ落ちたのがもう一粒。

かすかにのぞいて見えるカツの切断面。そこは白く厚く、まるでパンのようだ。その切断面にも、まだ幾分ドロリとしている卵が流

れこんでいるが、これもやがてカツの余熱でほどよい硬さに固まるであろう。

各部がそれぞれに、すっかり応戦態勢を整えて、最初のひと箸を待ちうけているのである。

カツ丼の魅力は、これら褐色の一団の圧倒的なボリューム感にある。(㉔)

カツ丼

カツ丼を食べ始めるとき、誰もが(これからのひとときを、このカツにすがって生きていこう)と思う。(このカツだけが頼りだ)と思う。この祈願を、カツはどっしりと、頼もしく受け入れてくれる。

カツにはそれだけの力があるのだ。(㊱)

カツ丼

とりあえず、カツ丼のフタを取り去ってみよう。

キミはそこに、重苦しくたちこめる〝抑圧の構造〟を見るはずだ。

ここでは、すべてのものが、重苦しい抑圧に苦しんでいる。

コロモと油に幽閉されて苦悩するカツ内部の豚ロース肉。

卵とダシ汁という粘体にまとわりつかれて慟哭《どうこく》する主祭としてのカツ。「とじる」という美名のもとに、表層一体を泥濘化させざるを得なかった、卵とダシ汁の慚愧《ざんき》。

重苦しく濡れそぼったカツにのしかかられて懊悩《おうのう》する最下部構造としてのライス。ここにあるすべてのものが抑圧され、塗炭の苦しみにあえいでいるのだ。

しかも、それらが苦悶するものたちの最後の希望の光を閉ざすかのように、丼のフタがかぶせられ、あたり一帯は暗黒の闇に閉ざされてしまっている。（⑰）

カップ焼きそば

秋の夜のカップ焼きそばは、ことのほか趣が深い。

むろん、カップ焼きそばは一年を通じて食べられるが、カップ焼きそばの旬は秋だ。

秋も深まった深夜、ひとり台所でゴソゴソとカップ焼きそばに熱湯をそそいでいると、しみじみと寂しく、しみじみと情けない。カップラーメンに熱湯をそそいでいるときも、けっこう情けないが、カップ焼きそばのそれはラーメンの上をゆく。（㉝）

カニ

それにしてもカニというものは、労働に対する報酬が実に少ない食べものだ。

カニの食事は、食事全体が、ホジる、という作業一色になる。

ホジるほうが主体で、食べるほうはついでの感じになる。

周りを見回してみると、どの客もホジっている。うつむいてホジっている。

食事をしにきた、というよりも、ホジりにきた、という感じがある。

この、ホジる、という行為は精神的にはあまりよくないようだ。

次第に落ちこんでいく傾向がある。

意気軒昂で店に入ってきた人も、だんだん元気がなくなる。

カニの足を取りあげて、まず根元の太くて大きい肉を掘り出して食べる。

このときはまだ元気だ。

しかし、次第に先細りになっていく先のほうまで攻めていくうちに、だんだん元気がなくなってくる。

耳かきの先が割れているようなカニホジ器で、セコく、つましくホジっているうち

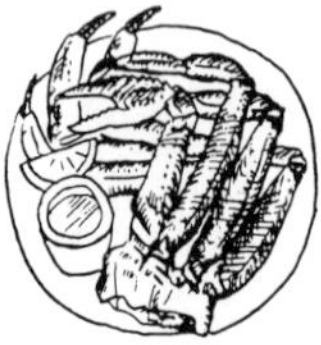

に、気が滅入ってくる。（㉕）

カボチャ

カボチャをじっと見ていると、

「何もそうまでして」

と、思わずうつむいて、大きなため息をついてしまうことがある。

生きていくことのつらさ、むずかしさ、苦しさを目の前に見せつけられているようで、見ていて切ない。

カボチャのほうもいち早くそうした雰囲気を察して、

「オレにかまってくれるな」

と、プイと横を向いてしまう。

カボチャとぼくは、気まずく、息苦しく、黙りこんでしまう。カボチャは見ていてつらい。その不様な姿態。意味なく大きくなってしまい、その巨体をもて余して恥じいっている様子。

ゴツゴツして乾いた岩肌のような皮膚。厚顔、を絵にかいたような、その皮膚の厚さ、硬さ。野太い声（聞いたことないけど）。息づかいの荒さ。見た目の暑苦しさ。

とにかくでかくてごつい。ごつくていかつい。いかつくて見苦しい。(35)

釜飯

数ある食べもの商売の中で、釜飯ほどわざとらしい商売はない。

わざとらしいというのは、自然でないということで、釜飯はその食事の隅々までが自然でない。

まず、あの釜が自然でない。

あれはどう見たってオモチャのお釜だ。

おままごとのお釜だ。

そのお釜がのっかっているカマド造りの木の台、あれもいかにもわざとらしい。いかにも造りもの、いかにもおままごと風ではないか。

釜飯用の小さなおしゃもじ。これもオモチャ造りだ。

つまり装置全体がオモチャ。

食事用具に〝真面目〟という概念を導入して考えると、釜飯に付随する用具はすべて真面目でない。

つまり、ふざけているわけです。(42)

(か)

釜飯

釜飯が亡びることなく続いてきた最大の理由は、〝よそうヨロコビ〟を味わわせてくれることにあった。

人間には〝ゴハンをよそうヨロコビ〟があったのだ。

今回、釜飯屋で釜からゴハンを茶わんによそいながら、つくづくそのことを実感したのであった。

釜からゴハンを茶わんによそうのは意外に楽しい。

適量を考えつつ形よく、少し突出した部分をシャモジで押さえ、こんもりと、押さえ過ぎず、ふっくらさせ過ぎず、よそい終わって全体を眺め、こんなもんかな、と心の中でつぶやく。

そうやって、一杯目、二杯目とよそっているうちに、不思議な感情が芽生えてくるのをどうすることもできなかった。

それは〝奉仕の心〟である。

誰かにゴハンをよそってあげたい、そういう心である。

それは純粋な心であった。

心の底から、ゴハンをよそってあげたい。きれいに、形よく、配分よくよそってあげたい。

そのときの心情にはよこしまなところは少しもなく、誠心誠意、滅私奉公、誰かはわからないがその人のためにゴハンをよそってあげたかった。一種の聖人状態になっていたのだ。（㊷）

鴨南ばん

鴨南ばんがテーブルに到着すると、鴨南ばんに限っては、誰もが麺より先にまずツユを一口すする。

鴨肉から出た独得の細かな脂が浮いたツユが、あまりにも魅力的だからだ。

立ちのぼる鴨の肉と脂の香ばしい匂いもそれに加勢して、どうしてもまずツユを一口すすりたくなる。

そうして一口すすったとたん、誰もが、自分の選択が正解だったことを知る。

鴨南ばんのツユはあまりにも旨い。

油揚げの油がにじみ出たきつね蕎麦のツユは旨い。

天ぷらのコロモの油がにじみ出た天ぷら蕎麦のツユも旨い。

豚肉の脂がにじみ出た肉南ばんのツユも確かに旨い。

だが、鴨の脂がにじみ出た鴨南ばんのツユに敵《かな》うだろうか。（41）

カリントウ

カリントウには、「基本形」というものがない。

不幸にして、誰もそれを考えてやらなかった。

それをいいことに、全員勝手気ままメチャクチャ、袋の中に規律というものがまるでない。

全員が生まれたまんま、この世に出てきたそのままの姿勢で暮らしているのである。

百人百様。

人間の指紋が一人ずつ違うように、カリントウが千本あったら千本ことごとく違う。

そして、一本一本が荒々しい。

まるでケンカ腰でこの世に出てきたような、こわいものなしのツラがまえ。

和菓子界の野獣派、という印象がある。（31）

カレー

カレーを食べるとき、スプーンをコップの水にひたしてから食べる人は笑われる。

「やってる、やってる」

と笑われる。

しかし、あの行為の何がいけないのだろう。さあ、言ってみてください。あの行為のどこがいけないのか。

カレーの最初の一口目は、ゴハンがスプーンの底にねばりついて、口からスプーンを引き抜くとき、ちょっと嫌な抵抗がある。

スプーンを濡らしておけば、スッと快適にスプーンが引き抜ける。

高級な料亭などでは、あらかじめ割り箸を水にひたして湿らせてから客に出すところもあると伝え聞く。

むしろ、奨励すべきマナーと言えるのではないか。(34)

カレー

いま、カレーの主流はサラサラタイプになりつつある。

ゴハンの上からかけると、スーッと中に沁みこんでいって皿の底にたまる。

洋食屋系に代わって、インドカレー専門店系が主導権を握ってきた。

サラサラ系が新しく、ドロリ系は古いということになってきた。

カレーの〝液状化現象〟が始まったのである。

〝サラ新ドロ古《ふる》〟の思想は、特に若い人にひろまっている。

しかも、サラサラ系が高級で、ドロリ系は安っぽいという〝サラ高ドロ低〟の思想もひろまっている。（㉛）

カレー

ぼくはいつも、カレーライスを食べ終わるとヘトヘトになってしまう。

カレーライスは、これまた法律で定められているわけではないが、ゴハンとカレー汁と福神漬（もしくはラッキョウ）によって構成されている場合が多い。

そしてこの三者は、常に一定の量しかない。

ぼくはいつもカレーライスを食べ始める前に、まずこの三者の比率をつくづくと眺め、食事開始から終了にいたるまでの、綿密な配分計画を立てる。

一口分のゴハンに、どのくらいの量のカレー汁をかけたら、万べんなく、カレー汁をまぶしたゴハンを食べつつ無事食事を終了することができるか、ということに心をくだくのである。

前半にカレー汁をかけ過ぎて、後半、ゴハンだけを、おかずなしで食べなければならない破目に陥ってしまうことだってある。

一口食べて、今のカレー汁の量は多すぎなかっただろうか、と反省し、二口目は、カレー汁の量を減らし味気なく食べ、三口目は、少し余裕ができたのではないかと考え、今度はタップリとかけ、また反省し、四口目は福神漬だけでゴハンを食べる。

一口ごとに反省と悔恨に責めたてられ、五口目あたりで、すでにかなりの疲労を覚えるのである。

むろん、このカレーライスは美味であるかどうか、という問題について考える余裕はない。

ゴハンの量と、カレー汁の配分問題で頭はいっぱいなのである。（❽）

カレー

カレーライスは混沌の象徴である。

カレーライスの盛りつけには、定形がなく、制約がなくタブーがない。

例えば、同じライス系のオムライスには、きちんとした定形がある。木の葉型に象《かたど》り、それをうす焼き卵で覆い、その中央部に赤いケチャップを一条たらす。

冷やし中華の整然、うな重の頭部と尾部をぶっちがえにした均衡、日の丸弁当の画竜点睛、そうした制約からカレーライスは一切解き放たれている。

ライスの盛り方にも、カレーソースのかけ方にもルールはない。

そこには画然とした意匠への意志がなく、放恣《ほうし》だけがはびこっている。

カレーライスのこの〝混沌〟は、それを食べようとするとき更に加速される。

両者は掻き混ぜられ、混濁を余儀なくされたあと口に運ばれる。

カレーを食べるという行為は、自己自身をカオスの中へ混入させることである。

激辛カレーを例にとると、この事実は一層鮮明になる。

激辛カレーが、ときとして人を忘我、狂乱の境地に至らしめることはよく知られているところである。

キミは難局から一時的に逃避したいために、カレーによる狂乱、すなわちヒステリーの状態を得ようとしているのだ。(⑰)

カレーうどん

カレーうどんが到着した。

木のお盆の上に、カレーうどん、刻みネギ、七味唐辛子の缶がのっている。

太めのうどん、長いネギ、鶏肉、いずれもが黄色く染まっている。

つゆはドロリとしていて、片栗粉でトロミがつけてあるらしい。

（そうか、そうか。カレーうどんとはこのようなものであったか）

と、久闊《きゅうかつ》を叙《じょ》しつつ、ふつうのうどんを食べる要領で、カレーうどんをズルズルとすすって飛びあがった。

熱いのである。

ほんとーに熱いのである。

ほんとーに飛びあがったのである。

その熱さといったら、ヒッと叫んで、唇についたつゆを、気も狂わんばかりに横なぐりに手の甲で拭きとったほどだった。

ふつうのうどんのつゆなら、熱くてもすぐ冷めるが、トロミのついたカレーうどんのつゆは、拭きとるまでいつまでも熱い。（衷心

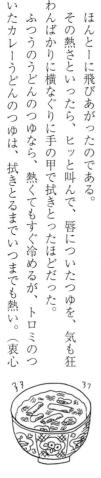

より申しあげるが、みなさんもカレーうどんを食べるときはくれぐれも気をつけてください）

冷たい水の入ったコップを唇に当て、しばらくカレーうどんを睨《にら》んでいた。

カレーうどんが、本当に憎らしかった。悪意があるのではないか、とさえ思った。

それから急に慎重になった。

黄色いカレーのつゆが、絶対につかないよう唇をまくりあげておいて、上の歯と下の歯でうどんをすすりこまなければならない。

そんなことできるのか、と言うかもしれないが、そうしなければカレーうどんは食べられないのだ。

しかしこれではうまくないので、うどんの上下をよく掘り返し、湯気を放散させ、少し冷却期間をおくことにした。

これは、双方の感情的な冷却期間でもあった。

少し熱のとれたカレーうどんは旨い。（㉖）

カレーパン

われわれの世代は、一般的に言って、食品の空洞に対してはかなり批判的な世代である。憎しみを持っていると言ってもいい。

アンパンの空洞、カキフライの空洞、タイ焼きの空洞、いずれもそこに邪悪なものを感じる。商人の阿漕《あこぎ》を感じる。

カレーパンの空洞にだけは、不思議なことにそうしたものを感じない。

カレーパンの空洞は、故《ゆえ》あっての空洞である。

正しい空洞である。

善良性を帯びた空洞である。

そういうふうに思えてならない。

空洞がいとしくさえある。

その空洞がおいしい。

空洞に味がある。(㉙)

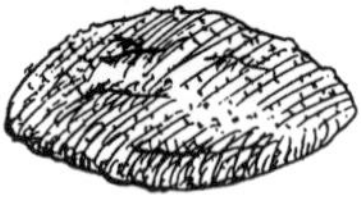

缶詰

秋の夜には缶詰がよく似合う。

缶詰は孤独である。

その中に、食べ物が詰まっているとは思えない金属の筒。

秋の夜の電灯の下でピカピカ光って孤影悄然。
秋の夜の孤独と、缶詰の孤独。
相寄る二つの孤独な魂。(31)

カンパン

カンパン一個を口に入れ、嚙み終えてノドに送りこむまでに大体三十秒かかる。

嚙む回数は約三十回。ひと嚙み一秒とするとピッタリ合うが、人間のひと嚙みは一秒かからない。

時間が一致しないではないか、と思うかもしれないが、カンパンは奥歯の一番奥と、その奥のスキマのところにニッチャリとしたカタマリが必ずはりつく。

途中、これを舌で取り除く作業が必ず入るために三十秒かかってしまうのだ。(40)

缶ビール

缶ビールはずん胴である。

「出口に至るアプローチ」がないから、中のビールは、瓶ビールの連中のように、

〈いずれあそこんとこから出ていくんだよね〉という認識を持てない。

当然不安である。

そして、ああ、この事実は、書くのさえためらわれて手がふるえる。

なんというむごいことであろうか。

缶の内部はまっ暗なのだ。

そこは、一点の光もささない暗黒の世界だったのである。

缶ビールのビールは、漆黒の恐ろしい闇の中に幽閉されて、ひっそりとよどんでいたのだ。

闇の中で、不安と絶望にうちひしがれながら、じっと耐え忍んでいたのだ。

そうした日々を過ごしていたある日、突如、天井にポッカリと穴があいて、

「いままで黙っていたけど、実はここんとこが出口だから、ここんとこから出て行ってよね」

と、一種のだましうちみたいなことをされるのである。

それまでが闇の中の生活だったから、突然一条の光がさしてきて「ここだ」と言われても、まぶしいばかりで全員あわてふためくばかりだ。

缶ビールのビールが、缶の穴から飛び出してくるとき、何となくあわてふためく感じがあるのは、このせいなのである。(㉘)

缶ビール

缶ビールのプルリングに、フタという概念はあてはまるだろうか。あるいは栓といってもいいが、栓の概念はあてはまるだろうか。

あのプルリングに、栓の自覚があるだろうか。

むしろ、容器としての自覚のほうが強いのではないだろうか。

事実、プルリングは、容器の一部を形成している。プルリングがそう思うのは当然のことである。

容器の一員としての自信と誇りに満ちて暮らしていると、ある日突如、ポッカリと抜きとられ、ここで初めて自分は栓であったと気づくのである。

プルリングは〝だまされた〟と思うにちがいない。

それまで知らされなかった出生の秘密を知らされ、うちひしがれるにちがいない。

プルリングの出生の秘密はまだある。

容器だと思っていた自分が、実は栓であったと知って悲嘆にくれているところへ、

更に追いうちをかけるように、

「実はおまえは栓抜きでもあるのだよ」

と、缶の叔母さんあたりが教えてしまうのである。

そうなのだ。プルリングは栓抜きでもあるのだ。

プルリングとしても、そう言われてみれば思いあたることがある。

自分の上に、ヘンなワッカが取りつけられていたことである。

(どうもおかしい。環境がヘンだ)と思っていたら、そうだったのか……。

自分はすっかり容器のつもりで、だったのだ。容器の血縁と思っていたのに、実は「よその子」だったのだ。(24)

干ぴょう巻

干ぴょう巻は、一個のまん中へんを、歯で食いきるところにそのおいしさがあると言われている。

言われてみると確かにそうだ。

海苔に歯があたってパリッと破れ、次にメシがあって干ぴょうに突きあたる。

いずれ干ぴょうに突きあたるだろうな、と予想はしているのだが、実際に突きあたると嬉しい。

干ぴょう独得のタテ繊維を、歯で断ち切るときが嬉しく、甘からく煮しめた味が嬉しい。海苔の香りも嬉しい。（㉘）

がんもどき

がんもどきは、厚揚げ、油揚げと共に、豆腐を母として生まれた三兄弟だ。

スーパーなんかでも、この三兄弟はいつもいっしょに並んでいる。

不思議なのは、他の二人が「厚揚げ」「油揚げ」というふうに、その製法をそのまま名前としているのに、がんもどきだけがそうではない。

がんもどきは、豆腐をいったん擂《す》りつぶして作るから、当然「つぶし揚げ」になるはずだった。

ぼくが思うには、豆腐の母が、

「三兄弟のうち、二人を実業に就かせたが、一人ぐらいは文学の道を歩ませたい」

と考えて、ちょっと文学的な名前にしたんじゃないかな。

豆腐の母は、多分、少女時代にそっちのほうへ進みたいと考えて

いたんじゃないかな。（㊶）

がんもどき

おでん屋でがんもを注文するときは、単独で注文したほうがよい。

たとえば、がんもとダイコンをいっしょに注文したとしますね。

で、両方を食べ終わったあと、小皿に残った汁を飲みますね。

この残った煮汁の味は、がんも単独のときの味と、ダイコンといっしょのときの味と少し違う。

がんも単独のときのほうが、なんというか独得の滋味がある。

この滋味がおいしい。

そんな。おでん鍋の中では共にいっしょだったはずで、小皿に取り分けたあと味が違ってくるはずないじゃないか、と言うかもしれないが違うんですね。

小皿にのっかったあと、ジワジワと、がんもの中から自分の重みで煮汁がにじみ出てくるんですね。

ダイコンからも自分の重みでジュクジュクとにじみ出てくる。

この新たなジワジワとジュクジュクが、おでん鍋の中のときと別の味になるわけです。（㊶）

キウイ

キウイは一体何を考えているのか。

と、ぼくはキウイ当局に訊いてみたい。

と同時に、キウイの総元締であるニュージーランド当局にも訊いてみたい。

訊いてみたいのは次のようなことである。

だいたい果物というものは、リンゴやオレンジやイチゴやサクランボを見ればわかるように、身辺を色とりどりに、華やかに飾って鳥たちの興味を引き、しこうして食べてもらい、鳥たちの広範な活動範囲を利用して糞といっしょに各地にばらまいてもらうことを生活信条としているはずである。

事実、果物たちはそうやって今日の繁栄を築いてきた。

身辺華美、これが果物たちの生き方の基本だ。

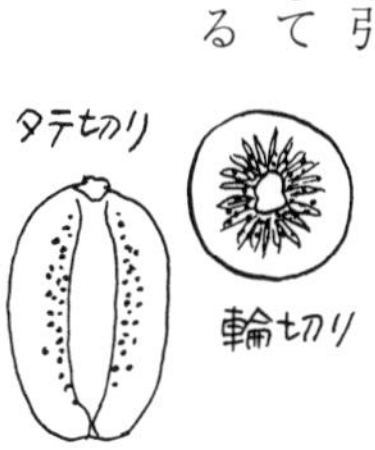

しかるに何ぞや。

キウイの相貌を見よ。

何という地味。

何という質素。

何という貧困。

小汚いといってもいいくらいの身なりは一体どういうつもりなのか。

あれはどう見ても鳥たちの関心を引こうとする態度ではない。

彼らはなぜそうするのか。

ね、訊いてみたいでしょう。(41)

機内食

機内食はおびえつつする食事でもある。

飛行機は時に大きく揺れる。

サラダの真上にドレッシングをかざし、では、と振りかけようとすると、揺れてゴハンの上にかけてしまう。

バターをパンに塗ろうとして腕に塗ってしまう。時には首すじに塗ってしまう。

蕎麦をツユにつけ、口にくわえようとして頭にかぶってしまう。

こぼさない、はずさない、倒さない（ビン類）、たらさない、ということに精力の七〇％を費消しつつ、残りの三〇％の余力でする食事、それが機内食なのだ。（41）

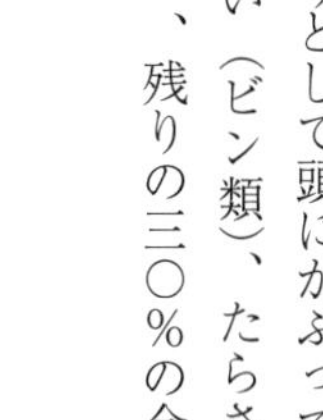

衣《きぬ》かつぎ

衣かつぎは里芋の子芋で、その丸くて小さい子芋のてっぺんのところだけ丸く皮を剝いてある。

どうせ剝くんだから、ついでに全部剝いてしまったほうがお互いに手間がかからなくていいような気がするのだが、やっぱりそれじゃつまんないんだよね、という了解が、作り手と食べ手の両側にあるわけです。

この皮んとこを、親指と人さし指と中指の三本で鼎《かなえ》のようにあてがって持ち上げ、口のところへ持っていって唇に押し当て、三本の指を押しつけつつ閉じるとツルリと皮が剝けてニュルリと中身が口の中に落ちる。

このツルリ、ニュルリのタイミングの妙が楽しい。（42）

特にツルリのときの、中身が皮から抜けていく感触がこたえられない。

何回やってもやっぱり楽しい。

じゃが芋やさつま芋とちがって、里芋の皮には滑り止めがついており、皮の内側にはいつでも滑り出せるようにヌメリがついていて、ツルリ、ニュルリがうまくいくように考えられているのだ。

本当のことを言うと、この楽しみだけのために衣かつぎを食べている……と言ってはやはり言い過ぎですね。（㊶）

衣かつぎ

衣かつぎ……。

ほとんど童話で、わずかに食べものである。

ねっとりと歯にまとわりつく舌ざわりは、ほとんど粘土でわずかに植物である。

噛みしめればその味は、ほとんど土でわずかに芋である。

季節としての装いは、ほとんど冬でわずかに秋である。

衣かつぎは、いくつ食べたらいいか問題で悩まされる。

枝豆や落花生と同様の手作業つき食べ物の特性で、一つや二つでやめることはできない。

まあ、二つは誰でも食べる。

もう一個いくか、いや、やめとくか、こういうのってやめどきがむずかしいんだよな、などとつぶやきつつ、すでに手は三個めをつかんでいる。（41）

キムチ

キムチが現れるまで、ゴハンの世界は静かだった。

白菜の新香でゴハン。

納豆でゴハン。

塩ジャケでゴハン。

いずれも静かな食事だった。

ゆっくりとした箸づかいで、落ちついて、心静かに、しみじみと食べる食事だった。

たとえば笠智衆《りゅうちしゅう》という人がいましたね。

あの人がよく似合う食事。

笠智衆氏が、白菜のお新香でゴハンを食べればまさに絵になる。

ところが、ゴハンの世界にキムチが加わって様相は一変した。

キムチはまた、ゴハンに実によく合うんですね。

キムチでゴハンは、心静かに、しみじみ、というわけにはいかない。

それでも最初のうちは、心静かに、しみじみ食べ始める。

そのうち、少しずつ、ヒーヒー言い始め、ハーハーが加わり、次第に息づかいが荒くなり、鼻の頭の汗を拭いたり、首すじをぬぐったり、いろいろと忙しくなっていき、だんだん動きが激しくなっていって、やがて躁状態となり、次に半狂乱になる。(㉛)

キャベツ

「しかしキャベツというものは……」

とキャベツをカゴに入れながら考える。

「どういう理由で丸くなろうとするのであろうか」

丸くならなければならない事情があるのだろうか。

たとえばホーレン草などには、丸くなろうとする意志は少しも感じられない。

丸くならなくても、まっすぐ伸びたままで充分やっていけるのである。

なのにキャベツは、次から次へとおおいかぶさって、まるでなにかを隠そうとするかのようだ。どうも態度が暗くていかん。(⑩)

キャラメル

キャラメルに再会した。

なんだかもう、やたらに懐かしかった。

なんだなんだ、まだいたのかおまえ。

どこでどうやって暮らしていたんだおまえ。

森永ミルクキャラメル。

タテ約十センチ、ヨコ約五センチの黄色い箱。

中央にタテの赤いタスキ。

タスキの一番上のところにトレードマークのエンゼル。

そして赤いタスキの右側に筆文字で「滋養豊富」、左側に「風味絶佳」。

「滋養」が懐かしい。「絶佳」が懐かしい。

ぼくらの世代はこの黄色い箱を見ただけで、たちまちのうちに少年の日がよみがえる。(41)

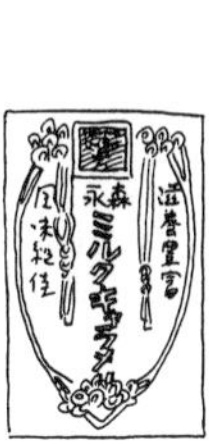

牛丼

牛丼の食べ方のマナーとしては、「垂直掘削方式」というのを推奨したい。

それはこういう方法である。

まず丼の手前の牛肉及び玉ねぎを向こう側に排除してゴハンの一部露出をはかる。

一部露出のゴハンを、そのまま垂直に掘り下げつつ、排除した牛肉及び玉ねぎと共に食べていく。

そうすると、道路工事のショベルカーが道路を掘削したような断層ができるはずだ。

第一断層が丼の底まで到達したら、第二段階の掘削にとりかかる。

つまり表面の牛肉及び玉ねぎの表面積分だけ、その下層のゴハンを食べていくという方式である。

これだと、ゴハンが余っておかずが足りなくなるという不測の事態を避けることができる。（❾）

牛丼店

牛丼店の造りはどこも狭い。通路は人一人がやっと通れるくらい、椅子は人一人がやっとすわれる余裕しかない。

だから下手に身動きすると、隣の人のヒジをつつくことになる。

犬や猫がメシを食ってる時につついたりすると怒るが、牛丼店の客も怒る。

だから着席するときは肩をすぼめ気味にしてすわり、すわったらまずうなだれなければならない。

うなだれてやや悲しげに視線を落とす。

なぜかというと、非常に間近な正面に、カウンターをはさんで牛丼を食べる人がおり、この人と視線を合わせないためである。

牛丼を真剣に食べている人というのは、どこか暗い情熱というか、兇暴性というか、そういった感じを秘めていて、視線が合ったりすると、

「ガオーッ」

と飛びかかってきそうな気配がある。

この感じは自分にもあり、ハフハフと牛丼を真剣に食べていて、
ふと顔をあげたとき正面の人と視線が合ったりすると、

「見たな！」

と、鍋島の化け猫的心境になる。なぜか敵意がわきあがる。飛びかかっていきたく

なる。

したがって牛丼店では、他の客と絶対に視線を合わせない、ということがマナーの第一条件ということになる。

これだけは是非とも守りたいものである。

これを守らずに飛びかかられて重傷を負った人もいると伝え聞く。（❾）

牛乳

牛乳はビンで飲むと確かにおいしい。

はっきりと味が変わる。変わるはずがないのにはっきり変わる。

それは、かつて飲み慣れていた、という理由だけではないようだ。

牛乳ビンは、手に持った重さがいい。

二〇〇ccという容量が、人間の胃袋の大きさに合う。（㉙）

餃子

〝煮ても焼いても食えない奴〟

という表現がある。

どうにも手に負えない奴、扱い切れない奴、という意味で、好感は持たれていない。

〝煮ても焼いても食える奴〟

という表現はない。

表現はないがモデルはある。

餃子である。

餃子には焼いて食べる焼き餃子と、煮て食べる水餃子がある。

まさに煮ても焼いても食える奴なのだ。煮ても焼いても食えるうえに、さらに蒸しても揚げても食える。

蒸し餃子と揚げ餃子である。

〝蒸しても揚げても食える奴〟

ということになれば、これ以上融通の利く奴はいないということになる。（㊳）

き

餃子

焼きたてのギョウザを口に入れると、まず〝皮の時代〟がやってくる。

アツアツ、カリカリの部分を、アフアフと味わっていると、次に皮の柔らかい部分が破れ、うん、この部分のツルリとした味わいも、これでなかなか、なんて思ったとたん、そこの部分が破れて突如ニチャニチャの一団が現れ、口一杯に拡がる。肉と野菜がほどよく熱せられた香ばしさと、ギョウザ特有のニチャニチャ感にひたっていると、そこへ、お忘れではありませんか、と、カリカリの皮が再び参入してきて、口中はニチャカリの口福で一杯になる。（㉕）

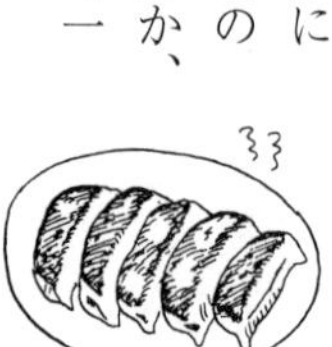

きりたんぽ

きりたんぽに味しみる。

ころやよし、食べ始めよう。

アフアフ、アフアフ、うん、ヒヒハンホ（きりたんぽ）やっぱり旨い。

きりたんぽってのは、きりたんぽにツユの味がよーくしみこんでいるところがおいしいように思えて、実際はよーくしみこんでないんだよな。

つまりきりたんぽはツユに心を許していない。

きりたんぽに慕い寄るツユを、あるところまでは許すが、そこから先ははっきり拒絶している。

その許した部分の味と、許さない部分の味の混合がきりたんぽの味なんですね。

（42）

キンツバ

キンツバを手で持つとき、なぜかこう、少しいたわるように持ちますね。

弱々しいもの、痛々しいものを扱うように持つ。

そうして、カドのところに歯をあてがい、下側に少ししなわせながら嚙み切る。そうすると、下側のあの膜が、最後のところで小さくチョロリとはがれ、ほんの一瞬ピリッと引っぱられ、少し伸びて切れる。

この光景はもちろん自分では見えない。見えないはずなのに、なぜかはっきりと見えるような気がする。唇が、まるで見たように感知する。

あの膜は、実は、この、ほんの一瞬の微細なチョロピリを味わうためについているのではないか。

まことに微細な感覚ではあるが、その都度味わい深く、秋の日のため息にも似たその小さな感覚はその都度心地よい。

小さな秋の、小さな午後の、小さな感覚。

き

皮でもない膜とも言えない、虚実皮膜の膜、それがキンツバの膜だったのだ。(37)

キンピラ牛蒡《ごぼう》

キンピラ牛蒡のおいしさは、牛蒡のタテの繊維を奥歯でバキバキ噛みしめ、断ち切るところにある。

噛みしめて、牛蒡の繊維と繊維の間にしみこんだ醬油と砂糖と油をにじみ出させ、土くさい牛蒡の味と共にバキバキと味わうところにある。

バキバキは奥歯のヨロコビである。

ハンバーグだのグラタンだの、軟弱な仕事が主流になってきた食生活を、奥歯はずっと憂えていたのだ。

バキバキしたい、これが奥歯の本来の願いなのだ。

その願いを叶えてあげるのがキンピラ牛蒡なのだ。(42)

く

草餅

春は草餅。

食べ物にすっかり季節感がなくなったなかで、草餅だけはなんとかその孤塁を守っている。

もちろん、餅草を乾燥させ、粉にし、これをつき混ぜた何の匂いもしない草餅も一方にはあるが、この店の草餅は正真正銘、ナマの餅草をつき混ぜた本物の草餅なのだ。

それが証拠に、包みを開くと立ちのぼる餅草の匂い。この匂いがうっとりするほど懐かしい。

どういう匂いか表現するのはむずかしいが、まず春の野の匂い。春の野原を吹き渡ってくる風の匂い。その風も、草たちの上のほうではなく、土に近いほうをくぐり抜けてきた匂い。そのあたりの青くさい匂い。(37)

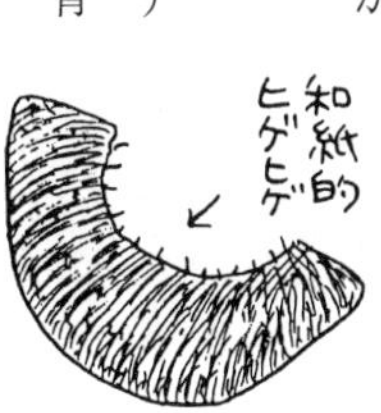

くさや

くさやはまことに孤独な食べ物である。だから、例えば「みんなで食べよう、くさやパーティー」なんてものを開いて、ワイワイ騒ぎながら楽しく食べるとおいしくない。

一人でひっそりと食べるもので、ほとんど趣味の領域に属する食べ物である。(㉚)

串カツ

カリカリ、アツアツに揚がった串カツに、カラシたっぷり、トンカツソースたっぷり、アグ、と、ひとかじりすれば前歯に熱さジンとしみわたり、コロモはがれてまず玉ネギ。玉ネギとコロモとソースとカラシで口の中は油まみれ、そこんところにつめたく冷えたビールをドドーと流しこめば、歯にも舌にも歯ぐきにも、チリチリとビールの泡がゆきわたり、油を洗い流し、口の中を大騒ぎさせたのち、ノドの奥のほうに落下していく。(㉓)

鯨のベーコン

フチが赤く彩られており、次の段階が網目をはりめぐらせたような硬いスジで、その次の段階でようやく待望の脂だけ、という三層構造になっている。

ぼくは今でもこのベーコンが大好きでときどき買ってきては食べている。

食べるときは、まず三層構造の網目状の硬いところまで食いちぎって空しく食べ、その次に「待望の脂だけ」の軟らかいところをウットリ食べることにしている。

動物の脂は、総じておいしいものだが、鯨のものは特においしい。

これほど歯ごたえのある脂肪は例を見ない。

口の中にあるときは、口の中が隅々まで脂まみれになるのに、飲みこんでしまうと急にさっぱりしてギトギトが少しも残らないのが、鯨のベーコンの不思議なところである。（㉓）

くず餅

ドラ焼きが、自分でアンコを身内に詰めこみ、すぐに食べられるようにセットアップして登場するのに対し、くず餅は単独で登場する。

きな粉と黒蜜という付き人を従えて登場する。

太刀持ちと露払いを従えているようなものだという人もいる。

付き人つきというものも他にないわけではない。

ホットケーキなんかもメープルシロップを随行させる。

だがホットケーキは、随行させたメープルシロップを、

「待ってたんだキミを」

と双手を挙げて歓迎し、ただちに全身にしみこませる。

くず餅はどうか。

きな粉と黒蜜をわざわざ随行させておきながら、いざ彼らがすがりつこうとすると、ツルリ、ツルリと滑り落としてしまう。

それでもなんとかすがりつこうとするのだが、それでもツルリ、ツルリと滑り落としてしまう。

つくづく嫌な性格なのだ。

特に「黒蜜→きな粉」という順序ではなく、「きな粉→黒蜜」の順番でかけたときは激しい勢いで落下する。

え？　なんで？　と思うほど激しい勢いで落下する。（ぜひ一度ためしてください）

本人自身に味はないのだから、どうしても黒蜜ときな粉の助けを借りなければならない、ということをわかっていながらこういうことをする。

つくづく嫌な性格なのだ。(40)

果物

果物というものは、どういうわけか、人間のてのひらの大きさに合わせようとしているところがある。

リンゴ、ミカン、柿、桃、梨……どれをとっても人間の手になじむ。

ブドウ、サクランボ、イチゴ、アンズ……いずれも指先になじむ。

パイナップル、マンゴー、メロンといえども、何とかてのひらに収まる。

人間におもねって、大きさの自己規制をしているようなフシが窺える。(23)

熊鍋

熊は煮込まないですぐ食べる。

山の奥地の匂いに、けものの巣の匂いが加わって、そしてレバーっぽい血の味がする。全体としては牛もも肉に近い味だ。

脂の部分のおいしさは猪の比ではなく、嚙みしめるとうっとりとなるほどだ。

一片の肉が、焼きのり二枚分ほどの大きさで、その半分が脂肪だから、一口、口に放りこんだときの脂肪の量は相当なものになる。その大量の脂肪が、口の中でアッという間に溶ける。水のように溶ける。

口の中が脂にまみれることなく、舌にまとわりつくこともない。これは不思議な脂肪だ。

動物の脂肪というものは、トンカツの脂身のところを例にもちだすまでもなく、人の瞼《まぶた》を下垂させ瞑目させるほどの力がある。陶然とさせるおいしさがある。

そうした脂肪の中でも、この熊の脂は、脂肪の中の白眉と言える。甘くて、香りがあって、豊饒で、そして品がある。(㉘)

栗

イガをかぶった栗を見ていると、つくづく気の毒に思う。

なにもそんなに世の中を警戒しなくてもいいのにと思う。

そんなものかぶらなくとも、十分その実は守れるではないか。

そう言ってやっても栗は納得しない。

栗は用心の上にも用心を重ねている。

過剰防衛とも思える重装備で、身辺を警護しているのである。(㉕)

栗

栗は自分をお菓子だと思っている。

木に生《な》るお菓子。

いまはまだ木の実だが、これはお菓子になるための準備期間。お菓子になる日を夢みて木の上で暮らしている。

だからお菓子になった栗たちはとても嬉しそうだ。

羊かんに埋まって、半分だけ顔をのぞかせている栗羊かんの栗。

栗最中の中に、ひとり鎮座している栗。

栗まんじゅうの中で、じっと息をひそめている栗。

どの栗も、それらの居場所が実によく似合う。

そして、いざ食べてみれば、姿形はどう見ても木の実の栗なのに、すでに全身お菓子そのもの。（㊸）

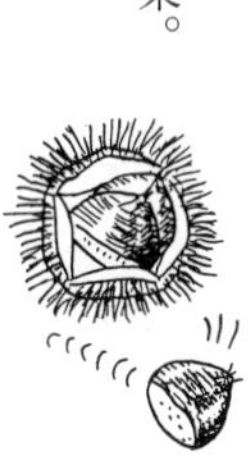

㋗

クリームコロッケ

どうもなんだかよくわけのわからない食べ物に、クリームコロッケがある。

なんなんですか、あれはいったい。
どうしろっていうんですか、あれをいったい。
メシのおかずのつもりでいるのか、おまえは。え？
認めんぞ、おじさんは。
ビールのツマミのつもりなのか。
それも認めんぞ。
パンといっしょに食べてください、とでも言ってるわけ？
食いたくねーんだよ。パンなんかといっしょに。
了見がわからないんだよ、了見が。(㊱)

クリームソーダ

クリームソーダが来る。
ソーダ水を飲むなんて何年ぶりだろう。この何とも言えない緑色がいい。
グラスにストローと、柄の長いスプーンが差してある。
(そうだったけ？　クリームソーダにはスプーンを添えるものだったっけ)
スプーンでアイスクリームを突きくずそうとすると、アイスクリームが頼りなく底に沈んでいく。

（そうそう、アイスクリームが頼りなく沈んでいったものだった）

と懐かしい。

クリームソーダは、オープニングのこの〝突っつくひととき〟が楽しい。

突っついて沈めたのち、ストローでソーダ水を飲む。駄菓子風の香料の入った独特の甘さ。

（好きだなあ、こういう甘さ）

と顔がくずれる。

アイスクリーム周辺の、少し溶けかかって、やわらかく、ゆるくなったあたりの味わい。うんと冷たくて硬い中心部の味わい。周辺が溶けてソーダ水と入り混じったあたりをストローで飲む味わい。

久しぶりにクリームソーダ水を、心ゆくまで堪能した。（㉛）

栗饅頭

栗饅頭は小ぢんまりとしていてかわいい。

てっぺんのところのツヤツヤしたこげ茶色もかわいい。

小判をうんと厚くしたような形もかわいい。

かわいいけれども毅然としたところがある。

他の饅頭と比べて形にゆるみがない。

かっちりしていて、他の饅頭のようにふわふわしていたり、いびつだったり、不定形だったりすることがない。

身持ちが固く、品があって、ちょっと古い言い方だが貞操観念を感じる。

皿の上でひっそりと居ずまいを正している。（㊵）

け

ケーキ

ケーキは、心を子供モードに切り替えてから食べるとおいしい。言葉づかいなんかも幼児化させて、

「このデコレーションのギザギザんとこ、おいちーなー」

なんて言いながら食べるとおいちい。(43)

こ

鯉の丸揚げ

「おまたせしました。鯉の丸揚げでございます」

二十年間の悲願が、いまこそ眼前に!!

身長約三十センチ、ウエスト約三十五センチ、ヒップはちょっとわからないが、なにしろ巨大な鯉が丸ごと、形のままお皿の上に身を横たえているのである。

「これこれ! これを待っていたんだ。二十年間……」

あの流麗な姿態の鯉が、目はつぶれ、ヒレは焼けこげ、ニンジンと

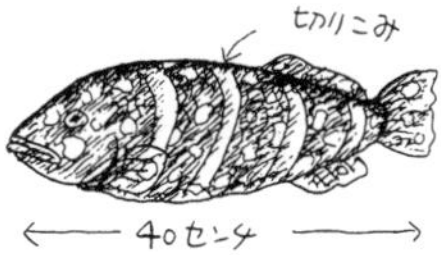

玉ねぎ入りのタレを全身に浴び、全身ケロイドという悲惨な姿で横たわっている。ザク、とフォークを突き刺す。ナイフで肉をむしり取る。口に入れる。

「ウム、かなり甘いものなのですな」

「しかし結局これは、タレの味ですな」

「鯉そのものは……」(❷)

五家宝《ごかぼう》

五家宝……一体何ですか、あれは。

手に持つとキナコはハラハラと絶えまなくヒザの上に落ち、口に入れればパフパフと口のまわりに漂い、鼻の穴にも侵入してきてフガフガとなる。

でも、最初にパフッと噛みしめて、メリメリ、ミシミシと歯が五家宝にめりこむときの、あの独特の感触はまことに得がたいものがある。あの一瞬にだけ五家宝の存在価値があるのであって、そのあとはただ迷惑なだけだ。(㊱)

ゴハン

ゴハン、というものもまた、わびしいものですね。

ゴハンの粒々を一度、ジックリ見つめてごらんなさい。

人間て、こんな小さな粒々を寄せ集めて、パクリと口に放り込んで、モゴモゴと噛んだりして、そしてそれを飲み込んだりして、そうやって生きてゆくのだなあ、とシミジミ情けなく、恥ずかしく、涙が湧いて出ることうけあいです。（❶）

ゴハン茶碗

ゴハン茶碗は、持って軽く、薄く、お代わりを前提とした造りになっている。（⓫）

昆布巻き

昆布巻きをいじめたことはありませんか。

駅弁やホカ弁の片隅で、遠慮がちに小さくなっている昆布巻きを、少なくともシカトしたことはあるでしょう。

「邪魔なんだよ、おまえは」

とか言って、邪険にあつかったことがあるはずです。（㉟）

昆布巻き

昆布巻きの食べ方は決まっていて、まず結び目の手前のところで嚙み切って半分食べる。

あとの半分をカンピョウごと食べる人もいるがそうしてはならない。

結んであるカンピョウのワッカをはずしてわきへ置き、残りの半分を食べる。そうして最後に、カンピョウのワッカだけ食べる。このワッカがおいしい。特に結び目のところがおいしい。

少しかたくて、少し嚙みごたえがあって、ちゃんと結び目の味がする。

でも昆布巻きとしては、カラダのほうよりオビのほうがおいしい、特にオビの結び目がおいしい、なんて言われたら立つ瀬がないわけです。

それでますますいじけ、いじけているがゆえに更にいじめられ、弁当界の嫌われものになっていったというのが真相のようだ。（㉟）

ゴボウ巻き

ゴボウ巻きは、噛み切っていってゴボウに突きあたったときがうれしい。

ゴボウ巻きを噛んでいけば、いずれはゴボウに突きあたるということはわかっているのだが、「いよいよ、ここからゴボウです」というときがうれしい。

新たな決意というか、気持ちの入れ替えというか、そういうことをしなくてはならない。

ゴボウだって、サツマ揚げの芯のところにじっとひそんでいて、いざ実際に噛みあてられたときはうれしいにちがいない。（㉘）

ゴマ

ゴマはゲリラ的戦法をとることが多い。

すなわち散開して行動する。

お赤飯の上にパラパラ。

ふりかけにところどころ。

七味唐辛子にあちこち。

九州ラーメンの上に点々。(㊸)

ゴマ油

ゴマ油は油界のドンである。伝統と効能に輝き、どっしりしていて厚みがある。最近、幅を利かしているヘナチョコ油共、すなわちべに花油、綿実油、コーン油などに対しゴマ油は奥のほうからニラミを利かせている。(奥ってどこだ?)〝純正〟の名のもとに、ゴマ油ひとたび動けば、その香りはあたりを制する。洋風のサラダでも、和風の漬けものでも、ゴマ油を一滴ふれば、なぜかそれらはたちまち〝中華風〟となる。

豈《あに》、ゴマ油の存在をあなどるべけんや。(㊸)

五目ちらし

五目ちらしは、ただ無意識にばくばく食べているようにみえて、実はその意識下で細かな配慮をしながら食べているものなのだ。

たとえば、一口分を箸ですくい取ろうとして、ふと、その近所のシイタケの一片を取り寄せて加え、その一口分の味の濃厚化をはかったりする。上に載りすぎている錦糸卵を少しわきへよけ、具の均質化をはかったりする。

たまたま混ざりこんでしまった酢バスの一切れを、

「キミはこん次ね」

と、わきへよけたりする。

よく混ざりきれずに白くかたまっているゴハンを箸の先で突きくずし、そこへ各方面からさまざまな具を一つ一つ持ちこんで、急遽、均質な五目ちらしとなす。

導入と排除。

常にこの二つの作業に心を痛めつづけているのだ。

絶えまなく内容物の点検を行い、絶えまなく適正な配合に心をくだく。

すでによく混ざっているはずの具と酢めしの配合を、さらに細かく再調整することを怠らない。(㉟)

コロッケ

なにしろ日本人は、子供のときからコロッケに馴れ親しんでいる。

だからコロッケを買ってきて包みを解き、その匂いを嗅いだとき、まず感じるのは郷愁である。

その匂いは郷愁としか言いようがない。

一個丸ごと箸ではさんで口のところへ持っていく。

コロッケ独特の香ばしい脂の香り。

何と表現したらいいか、その昔、母親の手につかまりながら、お肉屋さんの店頭で、揚がるのを待っているときの香り。

大人より、うんと低い位置から嗅いだ揚げたての香り。

それは夕方の匂いであり、雑踏の匂いであり、夕食前のあわただしさの匂いでもあった。（30）

コロッケ

おしなべて、フライ物のコロモのトゲトゲ感というものは、快感に属するのだが、コロッケのそれは特に快い。

霜柱のようにホロホロとくずれて、トゲトゲ感の一級品である。

トゲトゲがホロホロとくずれたのち、まず最初にくるのは全面的にコロモの味である。

シャクシャクとした歯ざわりのコロモの味。

ウーム、コロッケというものは、結局このコロモの味だったんだ、シャクシャク、そうか、シャクシャク、と思った次の瞬間、急にじゃがいもの味が姿を現す。茹《ゆ》でたじゃがいもの味と香り。

そうだったんだ、コロッケはじゃがいもで出来てたんだ、と思った次の瞬間、口の中でコロモと茹でじゃがが入り混じる。

まるで別種の料理を、別々に口に入れたように入り混じる。

つまるところ、コロッケというものは、パン粉で出来たコロモの味と、その中身の茹でじゃがの混合の味だったのですね。(㉚)

コンニャク

思えば昔から人々は、なんとかしてコンニャクに味をしみこませようと様々な努力をしてきた。包丁で切らずに手でちぎってみたり、スプーンでけずりとったり、表面に格子の切りこみを入れたり、フォークで突ついて穴をあけてみたり、スリコギでたたいたり、正月料理によく出てくるようなネジネジ裏返しにしたりして、なんとか味を浸入させようとしてきた。コンニャク料理の歴史は、味をしみこませる戦いの歴史だったと言っていい。コンニャク側から言わせれば、その抵抗の歴史だったということとなる。

コンニャクの頑固ぶりは、人間の体の中に入っても変わらない。体内に入って、人間の養分となることを潔《いさぎよ》しとしない。それをへつらいと見る。腸内でも吸収されることを拒み、入ったままの姿で外に出る。

ノーカロリー、なんの養分もない。

しかも自分の正体を見せようとしない。いまだに人類に、表と裏の区別さえわからせようとしない。

コンニャクの出自はサトイモ科である。サツマイモ、ジャガイモ、山イモなどと同類のコンニャクイモが元の姿だ。

サツマイモやジャガイモや山イモは、在土時代（土中にあるとき）、営々と澱粉や蛋白質やビタミンなどの蓄積に励み、やがて世に出るときに備えていた。

その間、コンニャクは、一体何をしていたのだろうか。ぼくはそのことをコンニャクに問いたい。

しかし、よく考えてみると、その間何をしていたのか、不気味といえば不気味である。（㉗）

コンニャク

たとえば、おでん屋に行く。

カウンターにすわって、エート、何にしようかな、などと言っておでん一同を見まわし、

「チクワとサツマ揚げとゴボウ巻き。あ、それからコンニャクもね」

と、なんとなくついでにコンニャクも頼んでしまう。そういうところがある。

ここで、コンニャクを頼まなかったことにしてみよう。

チクワとサツマ揚げとゴボウ巻きだけがのっかった皿を想像してみよう。

これでは、単なる煮物の皿だ。

ところがここに、三角に切ったコンニャクを一切れ、さり気なく置いてみよう。

見よ。この一皿は、突如、おでんになったではないか。コンニャクの参加によって、座はきりりと引き締まった。あたりに緊迫感さえ漂った。

そうなのだ。コンニャクがなければ、おでんはその存立さえあやういのだ。

コンニャクはおでんのシンボルなのだ。コンニャクは、お皿の上で、おでんのドンとしてその一帯を支配している。(㉗)

コンビーフ

昔はコンビーフをよく食べたものだった。

学生時代に下宿していたころは、一番小さいのを買ってきて、フタをあけて、そのまま箸でほじって食べた。

寒いときはかたまってほじりづらく、暖かいときはゆるんでいてほじりやすかった。（㉝）

昆布と鰹節

昆布と鰹節は、日本料理の黒幕である。ドンといってもいい。

鰹節一家はイノシン酸系統を取りしきっており、昆布一家はグルタミン酸系統を手中に収めている。（㉔）

昆布の佃煮

ホカ弁などの片隅の、丸い銀紙などに入っているわずかな昆布の佃煮……。

これは嬉しく、頼もしい存在である。

これがあれば、いよいよおかずに困窮したとき大いに心強い。（これでもう大丈夫）という気になって安心して弁当に取りかかれる。

そのぐらいの強力な存在でありながら、昆布の佃煮はタクアンなんかの陰に、ひっそりと押しやられている。

どこにいても控えめ、しりぞく姿勢がいじらしくてならない。

世が世であれば日本料理界の大御所。

隠居暮らしをしていてもいい境遇にありながら、こうしてホカ弁なんかの片隅で、現役で働いている姿を見ると涙がこぼれる。（㉔）

さ

魚

日本人は、魚を、当然のように食べ物として見ている。

どんな魚を見ても、おいしいか、まずいか、どんな味か、というような見方をする。イワシやアジやサンマに至っては、れっきとした魚類なのに、もうほとんど、おかずとしてみている。

〝泳ぐおかず〟である。(㉗)

魚

八百屋や果物屋や肉屋の前ではわりに冷静だが、魚屋の前にくると突如興奮する。

魚を見て興奮するのは猫ぐらいのものだが、人間にもいるのである。

まずアジの開きを見て興奮する。

アジの体が左右に開かれて、そのところが濡れて光っていたりすると、興奮の度合も一段と激しくなる。

鼻息が荒くなる。

イワシは丸のままがいい。

新鮮で青光りがしていて、しっぽのつけ根のところまで丸々と太っているのを見ると、動悸《どうき》が激しくなる。

丸干しも悪くない。

めざしもまた、それなりに良さがある。

四尾ずつが、ワングループとなってヒモで通され、あきらめきったような表情で整然と並んでいるところが良い。

それからサバを眺め、ニシンのひと塩数の子入りなんてのを見、サンマを観賞する。

いまの時期だとアユの箱入りなんてのも並んでいる。

それから切身のほうへ視線を移す。

いま書いたのはすべて丸のまま、頭の先からしっぽまで、五体満足のほうの魚たちである。

魚屋に並んでいる魚たちは大きさの関係などですべて丸のままというわけにはいかず、特に鯨などは丸のままというわけにはいかないから、当然切身ということになる。

切身は切口がいい。

カツオやマグロは、材木みたいな肉の層の切口がいいし、ブリやサメなどはなんの模様もないところがいい。

切身の切口に惚れぼれするくらいだから、マグロのブツなどというめった切りの切身を見ると、興奮はその極に達する。

それから貝類を眺め、イカを楽しみ、タコを愛《め》で、箱入りのウニを見つめ、スジコを観賞し、エビに目を細める。

生きていることのしあわせが、全身を駆けめぐる。

法悦、などという言葉が脳裏をかすめる。

なぜぼくは、このように魚好きなのであろうか。（❻）

酒饅頭

寒さには湯気がよく似合う。木枯らしの街を歩いていて、酒饅頭の湯気に出会うとホッとする。

買う気はないのだが、湯気に近づいて行く。

饅頭の湯気が顔のほうになびいてくる。

猫が人の足にまとわりつくように、顔を湯気にまとわりつかせる。

〝ゴロゴロ〟と湯気にまとわりつかせる。

〝ゴロゴロ〟と心がなごむ。

〝ゴロゴロ〟と心が温かくなる。（㊸）

さくらんぼ

さくらんぼの皮は意外に強靱で、
「輸送に強い」
と言われているくらいだ。
皮を破って果肉を嚙んで、歯がタネに当たるまでのちょっとした不安感。
歯がタネに当たってからの、口中の急な忙しさ。
その忙しさの中で味わう、ほのかな甘みと、ほのかな酸味。
さくらんぼの味は、はかない。
何も主張しないし何も訴えない。
ほんのちょっとさくらんぼです、と小さくささやくだけだ。(29)

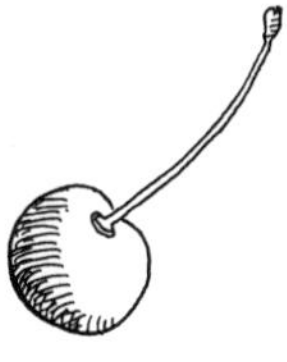

サケ缶

サケ缶は骨がおいしい。

サケ缶を開けると、まん中に太くて頑丈そうな骨が一本、うまくすると二本入っている。これをこわさぬように身からはずして口に入れる。

見た目はいかにも頑丈で硬そうな骨が、口の中でホロホロ、サクサクとくずれる意外性がいい。

しかも、魚の骨の味がしっかりあって、ほんの少し塩気もあって、「こういう骨を三十本ほど食ってみたい」という気持ちにさせられる。（㉛）

刺身

獲れたてでピチピチはねまわっている魚を目の前にすると、大抵の人は、

「これを刺身にして食べてみたい」

と思う。

魚に限らず、タコでもイカでも、少しでも動くと刺身で食べたくなる。

エビでも貝でも、少しでも動くと、「刺身で……」ということになる。

動く、ということに、誰もが異常な関心を寄せる。

これを、日本人の〝動くと刺身で食べたくなる症候群〟という。大抵の日本人はこれにやられている。（㉜）

さつま揚げ

ぼくのさつま揚げへの愛情は不憫から始まった。

ぼくはさつま揚げが不憫でならない。

同じ魚肉練り製品仲間の、チクワ、ハンペン、ナルト、カマボコ、ササカマ、カニカマなどは、あんなにも様々なデザインをほどこされている。

チクワは穴を開けてもらい、ハンペンはまっ白に晒してもらい、ナルトは赤い渦巻きをつけてもらい、ササカマは笹の葉に似せてもらっている。

それぞれが、白く、赤く、形よくと、愛情深く世に送り出されている。

それらの洗練された仲間たちに比べ、さつま揚げのなんと不様であることか。

色黒く、うすべったく、全身にジットリと油をにじませ、なんだか下品で、デザインに関しては、何の考えもなく押しつぶしていったらこうなったのでそのまま放置した、という扱いを受けている。幸い薄く生まれた、魚肉練り製品界のはぐれ者なのである。

ぼくは、こんなにもおいしい実力者が、こんなにも不遇でいることが痛ましくてならない。

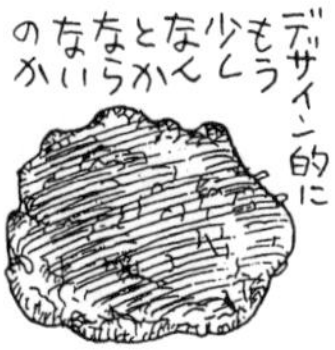
デザイン的に
もう
少し
なん
とか
なら
ない
のか

黒くて平べったい顔をして、こんなにもたくさんの油汗をかいて、なんだか困っているように見えるところが不憫でならない。

ぼくはさつま揚げを見ると、どうしてもかじらずにはいられなくなる。（⑳）

サツマイモ

「エート、次はサツマイモですが」

「わたしは好かんね」

「わたしも」

「女にモテる」

「そこです」

「故《ゆえ》なくして女にモテる」

「そこです」

「何なんです？　あれが女にモテるわけってのは」

「わからんですねえ」

「母性愛かね？」

「何ができるの？　彼は」

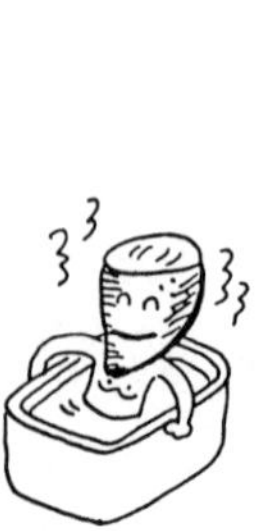

「焼イモだけですね。これ一本です」（⑮）

讃岐うどん

うどんは確かにうまい。嚙むと口の中で暴れるような弾力があって、かたく練りあげられた小麦粉の練りものに歯がめり込んでいって、やがてプツリと切れる。

ツユはほんの少し色がついているだけで、はいていたチノパンツにかかってもシミにならないほどの色だ。

イリコ（関西系の煮干）のダシが強烈で、その匂いは店に入った瞬間からプンと鼻にきていた。

イリコ、昆布、カツオブシ、薄口醤油、というのが讃岐うどんのツユの材料だ。

ツユもうまい。塩気は、その大部分がシオで、そこにほんの少しの薄口醤油の味。

讃岐うどんの特徴はコシにあるという。

表面のツヤも大事だそうだ。

一方、大阪のうどんは、モチモチ感が特徴で、表面もわりにしっとりしていてツユとなじむ、といわれている。

讃岐うどんは、表面がツヤツヤしているから、ツユになじむとい

うより、ツユをはじく感じだ。

両者がなじまない。そこが旨い。

両者は別々に口に入ってきて、口の中で別々に過し、ノドの奥でようやくいっしょになって通過する。讃岐ではノド越しも重要視される。(⑱)

サバ

サバと聞くと、ぼくはいても立ってもいられなくなる。

冷静さを失う。

血が騒ぐ。

先祖がサバだったのかもしれない。(㉔)

サバの味噌煮

寿司屋などでは、まずコハダを握ってもらって食べてみれば、その店のおよその実力がわかるという。コハダにいい仕事がしてあるかどうか、それが実力判定の基準となるのだ。

では定食屋の「コハダ」に相当するものはなにか。

わたしはサバの味噌煮だと思う。

サバの味噌煮にきちんと仕事がしてあれば、まずその店は信頼できるのである。

⑫

サバの味噌煮

居酒屋あたりでも、鮎の塩焼きを注文する人の声は大きい。

大声で、きっぱりと、

「鮎の塩焼き！」

と注文する。

だがサバの味噌煮を注文する人の声は小さい。世間をはばかるために、小さくてあいまいになり、舌ももつれ、

「ジャバのミジョニ」

なんて言ってうつむいてしまう。

何だかわからなくて聞き返され、

「もういい」

なんて言って、真っ赤になって断ったりしている。


(さ)

まわりの人も、

「サバの味噌煮で一杯やろうなんて、この人はよっぽどローンが厳しいらしいな」

という見方をする。

こういうとき、この騒ぎを（どんな騒ぎだ）店の片隅でじっと見つめている人が必ず一人はいる。

店の片隅から「ジャバのミジョニ」の人に慈愛のまなざしを送ってきているこの人こそ、サバ愛好の同士なのである。

サバ好きの人は、世の中から迫害されているゆえに、強固な連帯感で結ばれているのだ。

「ミジョニ」の人は、店の片隅から送られてきた視線に気づき、そのほうを見る。二人の視線が合う。片隅の人は黙って大きくうなずく。

（何も言うな。わかっている）

そう言ってうなずいているのだ。（㉔）

白湯《さゆ》

白湯は明らかに完全な無味だ。

世の中の、無味派の大代表。

街角に並んでいる缶飲料の自動販売機の中は味が氾濫している。

甘いですという方向、無糖ですという方向、発泡という方向、酸味ですという方向、ビタミンですという方向、あらゆる方向の飲料がズラリと並んでいる。

白湯は何の方向も持たない。発泡もしないし、ビタミンも何もない。販売機によく書いてある「冷たーい」という方向もなければ、「熱ーい」という方向もない。

ただ「ぬるーい」と言ってるだけだ。
味が氾濫する世相の中で、白湯はひたすら沈黙を守りつづけている。何も発言しないし、何も主張しない。(37)

サンドイッチ

芝生の上ではサンドイッチが似合う。

緑の芝生の上に、じかに置かれた白いサンドイッチの箱は様になる。

白いパンにはさまれた、トマトやキュウリやレタスの色どりが芝生に映える。芝生

に横ずわりになってつまむサンドイッチはおいしい。(㉛)

サンドイッチ

サンドイッチの魅力は、切断面の魅力であって、ここのところをじっくり鑑賞しながら食べるところにそのおいしさがある。

卵の黄色、トマトの赤、ハムの肌色、野菜の緑、チーズのオレンジ、それぞれの色がパンの白さの中で横一線に並んでいる。

中でも圧巻なのは、カツサンドの断面である。

カツサンドは、ひ弱、柔弱タイプの多いサンドイッチの中で、ただ一人、雄々しく、力強く、茶色く、厚く、堂々の気配を示している。

カツサンドの切断面なら、ぼくは、まあ、一分ぐらいはじっくりと鑑賞していられる自信がある。

ハムカツサンドのほうは、少し落ちて、まあ、三十秒ほどだろうか。(㉘)

サンマ

サンマは、皿の上に長々と寝そべっているところがいい。

サンマは、どういうわけか、アジや鯛のように踊り串を打たない。

アジや鯛が、体をヘンに波うたせて、苦しそうに皿の上にのっているのを見ると、いつも気の毒でならない。

せめて死んだのちは、のんびりと、ラクに、背筋を伸ばして横たえさせてあげたい。

その点、サンマはラクだ。長々ゆったり、手足のびのび。（手足はないか）

長々と寝そべって焦げているサンマの、胸のあたりに箸を突き入れる。

ハラワタといっしょに突きくずして引き寄せ、大根おろしをちょっとのせて口に入れる。


苦いハラワタと苦くなくて脂っこいハラワタと、なんだかよくわからないがプチッとした歯ざわりのハラワタと白くてプワプワしたハラワタと、口の中はハラワタというハラワタが入り混じり、そこへ身のところと皮のところと大根と塩と醤油が入り混じり、小骨も参入し、口中の混乱と豊饒《ほうじょう》と歓喜と惑溺《わくでき》はここに極まる。（㉕）

サンマの缶詰

サンマの缶詰は皮がおいしい。

箸でこするとズルズルとはがれる。

この皮は脂肪があってトロトロしていて、缶詰のプロは、これを〝サンマ缶の皮トロ〟と称している。

この皮トロをたくさん集めて、「皮トロ丼」にして食べたらどんなにおいしいことか。(㉛)

し

シイタケ

干しシイタケは別にして、生のシイタケはほとんど味がない。ぬめっとして、つるっとして、ぐにゃっとしていて何だかよくわからない味で、毎回、こんどこそシイタケの味を確かめてやろうとするのだが、結局よくわからないままに終わってしまう。しかも鍋のツユを、自分の中に絶対にしみこませようとしない。断固として拒絶している。そのうえ、自分の味をダシとしてツユの中に出すこともしない。周りとなじもうという姿勢がまったくないのだ。

どうにも得体がしれない、嫌な奴なんですね、シイタケという奴は。しかもノーカロリー。ビタミンのたぐいもほとんど期待できない。シイタケが嫌いだという子供もたくさんいるし、万人に好まれる味というわけでもない。（㉟）

塩鮭

塩鮭をじっくり見つめてみよう。

暗く落ちくぼんで悲しみをたたえたような目。恨みごとをつぶやいているように軽く開かれた口。憤懣《ふんまん》やるかたないといったふうに突き出された下くちびる。依怙地《いこじ》そうに張っているエラ。陰険そうに突っ張った鼻柱。そして全身に漂う孤独感。

見ているうちに、なにかこう、暗い気持ちになっていくのを押しとどめることができない。

じっと見つめていると、その身の上になにか不幸があったとしか思えないのだ。

釣りあげられて塩づけにされたのだから、「不幸があった」のは当然ではないかと人は言うかもしれない。不幸がなければ、いまごろは大海をゆうゆうと泳ぎまわっているはずだ。

しかし、たとえば鯛なんかは、同じ釣りあげられた不幸を背負いながらも、魚屋の店頭で満足そうに横たわっているではないか。その姿は、なんの不満もないように見える。目元も優しく微笑《ほほえ》んでいるし、全身が幸福感に包まれている。塩鮭の孤独感などどこにも見当たらない。（㉓）

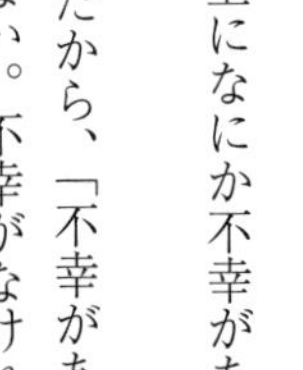

塩鮭

塩鮭は皮がおいしい。特におなかのところの皮がおいしい。塩鮭を食べるとき、「ボク、皮だめなの」などと言って皮をグルリと剝《は》いで皿のわきに置いておくガキがいるが、こういうガキには鮭を食わすな。その皮こっちによこせ。

塩鮭の腹皮のところは脂と塩がよくなじんでおり、噛みしめるとジワッと塩と脂が

滲み出てきて、「ああ、ここはもうどうあってもゴハン」ということになって熱々のゴハンをかっこむということになる。(㉔)

シオマメ

シオマメを噛み砕くのも快感である。

丸く小さい硬い豆を、奥歯のしかるべきところへ収め、「では、いきます」という思い入れでカリリと噛みしめると、豆はかなりの抵抗を示したのち、あっけなく押しつぶされる。

シオマメはここまでが勝負で、ここからあとはあまり面白くない。煎った豆の香ばしさとか、油っぽいおいしさとかではピーナツに負ける。(㉔)

塩むすび

塩むすびは全裸、内容物なし。

裸一貫、ゴハンだけで勝負している。

「そんな、ゴハンだけのおにぎりなんて、うまいわけねーだろ」

と、いまの若い人は言うかもしれないが、ぜひ一度試してみることをおすすめする。

塩むすびはどこにも売ってないので、自分で握って食べることをおすすめする。

実にもう簡単で、手のひらに水と塩をつけて握るだけだ。

ただし、握るゴハンはうんと熱くなければならない。

食べるときは少し冷めてもいいが、握るときは熱くなければならない。

炊きたてのうんと熱ーいゴハンを、手に水と塩をつけて、

「アチー、アチー」

と言いつつ、両手を顔の前で上下させつつ、肩も腰も上下させつつ、時には拝むような格好になりつつ、時には踊りながら拝むようなことになりつつ、握ったのがおいしい。

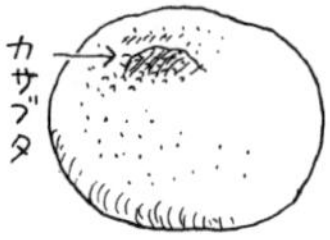

アチーなし、肩腰の上下なし、拝み踊りなしで黙々と握った塩むすびはおいしくない。（㊴）

塩焼きサンマ

塩をパラパラふって、炭火でも、ガス火でもいいが、焼き網でプチプチ、ボウボウ、バチバチ焼いたのが旨い。

全身黒こげ、ほとんど焼死体に見える腰のあたりに箸を突き入れると、まず湯気があがって、意外に白くてムッチリしてジューシーな身が現れる。

白い身は、そのまわりからにじみ出た脂にまみれている。

表カリカリ中ジットリ。

これが塩焼きサンマの極意である。

カリカリの部分は、したたり落ちた自分の脂でいぶされてスモーキーな味になっている。

このスモーキーな部分と、内部の脂ジットリの部分のバランスが、塩焼きサンマのおいしさである。（31）


（し）

猪鍋《しし》

ガスコンロの上に、すき焼き用の丸い鉄鍋がかかっていて、すでにミソダレが入れてある。

猪の肉は、色はアズキ色で、白い脂肪が、全体の三分の一ほどを占めている。

すなわち、かなりの脂肪の量だ。この脂肪が旨いという。

猪肉は煮込むほどおいしくなるというが、煮込むほどけもの臭さが消えていくようだ。あまり煮ないうちに食べるとかなりけもの臭い。

煮込むとゴワゴワした舌ざわりになるが、嚙むと柔らかい。そう、鯨の大和煮缶詰風の舌ざわり。

猪は豚の先祖だから、豚風の味がするはずだと思ったら、これが大違いでむしろ牛肉の味に近い。

脂の部分をはずして食べると、どうと言うこともない肉だが、脂と一緒に食べると俄然おいしくなる。(㉘)

シジミ

真面目という概念を貝類に適用するのははたしてどうか、という意見もあるかもしれないが、アサリとシジミの二つを目の前において眺めてみると、やはりシジミのほうが真面目な気がする。

人柄というものは、その人が着ているものにあらわれることが多い。

シジミは年がら年中、黒一色で通している。柄ということを考えない。

アサリは柄ばかり気にする。

十人十色というが、アサリは十アサリ十色である。

その分、アサリは着るものに金をかけているということができる。
シジミより遊び人ということができる。
シジミに一度訊いたことがあるが、やはり「わたしは一度も遊んだことはありませ
ん」と言っていた。
黒の野良着を着て働きづめなのだ。(38)

シジミの味噌汁

シジミの味噌汁はしみじみうまい。
五臓六腑にしみわたる。
特に肝臓のあたりにしみわたる。
大酒を飲んだ翌朝のシジミ汁は特にうまい。
飲んでいて、「たのむぞ」という気持ちになる。
不思議なもので、アサリの味噌汁だと、「たのむぞ」という気持ちにはならない。
豆腐の味噌汁でもならない。
シジミのときだけ、そういう気持ちになる。
シジミの味噌汁には、なにかこう、信仰に近いものがあるような気がする。(31)

卓袱《しっぽく》料理

最初になぜかお雑煮を食べる。これはそういう決まりなのだそうだ。

一番最初に膳に並んだものは、雑煮、刺身（タイ・エビ・ハマチ）、エビ鬼殻焼、甘いヨーカン風和菓子、黒豆の煮物、モロコ佃煮風、アラという魚の身と内臓を湯引きしたもの（酢ミソで食べる）のグループで、次が伊勢エビ結婚披露宴風、東坡肉《トンポーロー》、アナゴを卵豆腐ではさんだものなどの入ったおすまし、ハモの身入り白ミソ汁、チンゲン菜と魚肉ダンゴなどの入ったラーメンスープ風、梅干しと板コブの小皿、そして最後にメロンが出た。

汁物が三種類出たことになる。

要するに、この全体のつながりは一体何なんだ、と、最後まで疑問は解消しないのだ。⑲

しめサバ

身が厚く、脂の十分のったサバを、中心に赤い色が残るぐらいに浅くしめる。

魚の脂身のおいしさとは、まさにこれだ、という気がする。細胞の一つ一つに、魚

の良質の脂肪がこまかくびっしりと詰まっていて、その一つ一つが舌の上で破れてじんわりとひろがる。(㉔)

じゃがいも

じゃがいものような人、という言い方がある。

見た目は不格好だが誠実。

ゴツゴツしていて、むさくるしいところもあるが実直。

あかぬけなくて、苦労の影があって、やや暗めだが真面目。

そういう人をじゃがいものような人と人は言う。

たしかにじゃがいもには真面目を感じる。

真面目を絵に描いたような人、という言い方があるが、真面目をいもにしたようないもがじゃがいもなのだ。

じゃがいものどういうところに真面目を感じるかというと、まず、あの〝みっしり感〟ですね。
全域みっしり、すみずみまで、手抜きせずにじゃがいもが詰めこんである。どこをどう食べても均質のじゃがいもがギッシリ。(㊳)

じゃがいも

皮をむいて熱々のところをひと齧《かじ》り。熱くて歯の先が少しジンとし、それをアファフと口の中で転がして少し冷ましてから噛みしめる。ホクホクと柔らかい。最初、でんぷん質の粉っぽい味がし、それからほんの少し経《た》って、口の中の天井の奥のほうがスースーするような味がする。これがじゃが芋の味だ。

この味を言葉で表現するのはむずかしいが、色でいうと、〝空色《そらいろ》の味〟といったところだろうか。

口の中のすき間に、突然空ができて、そこにほんの少し風が吹きわたったような、そんな味が一瞬する。

塩をつけたり、バターで食べたりすると、この味は味わえない。

じゃが芋は、土中で育ちながら、いつも空への憧れを持っているようなのだ。

それが〝空色の味〟となって、じゃが芋の中にしみこむらしいのである。

先生としては、そこのところがじゃが芋君のいいところだと思っている。

少年時代に夢を持つのはとてもいいことだ。(㉔)

(し)

ジャム

とにかくフタがあきました。

で、中をのぞくといるんですね。ウジャウジャ、グジャグジャ、ねじくれあっているんだか、とぐろをまいているんだか、なんだかよくわからない状態で大勢ビンの中にひそんでいる。このひそみ具合がとっても好ましい。ああ、やっぱりジャムはビンだな、ビンに入っていてこそジャムだな、ほかのものではダメだな、ビニール袋じゃダメだな、藁苞《わらづと》もよくないな、と誰もがそう思うにちがいない。

あっ、そうそう、この場合のジャムというのはイチゴジャムのことですからね。

ジャムにもいろいろあって、リンゴとかオレンジとかブルーベリーとかあるが、わたしらおじさんはジャムといったらイチゴのこと。

ジャムという名前は、ビンの中の、このウジャウジャ感からついたにちがいない。ウジャウジャ、グジャグジャ、ムジャムジャ、ジャムジャム、ほかの字はともかく、〝ジャ〟の字だけはどうしても使いたかった。〝ジャ〟さえついたらあとはどうでもよくて、ム、と口をつぐんでしまったのでジャム。(㊳)

ジャム

バターの場合は、パン全域にまんべんなく塗ってから食べ始める場合が多いが、ジャムの場合は〝その都度塗り〟で食べる。

塗ってはかじり取り、塗ってはかじり取る。その都度塗りのよさは、その都度ジャムの量を変えられることだ。

「さっきはチョビっとだったけど、こんどはこーんなにのせちゃうもんねー」

と、こーんなにうずたかくのせて、大口あけてあんぐりとかじり取る。

甘いイチゴの香りがプーンとノドの奥に走り抜けて、ヌメヌメと甘いところ、よくつぶれていないニョロニョロしたところ、プチプチとタネのあるところ、そうした果物と砂糖の混合体の下の、小麦でできたパンのフワフワ、カリカリ。

甘い幸せというのは確かにあって、バターのときとはまったく違う幸せにひたれる。

(38)

ジャムパン

ジャムパンのジャムはいつだって少ない。片隅にほんのちょっぴり。

ああ、このジャムパンの中のジャムがたっぷしだったらどんなにおいしいか、パンがジャムでふくれあがっていたらどんなに嬉しいか、そう思った人は多いはずだ。(42)

シュークリーム

シュークリームは、人前で食べると少しもおいしくない。一人で気ままに食べると急においしい。

〝放題〟で食べると更においしい。

粉こぼし放題、クリーム付け放題、皮の破れ目から舌を突っこんでカスタードクリーム舐《な》め放題。(33)

シュウマイ

人生がつまらない、というときはシュウマイを食べましょう。

そういうときにシュウマイを食べると元気が出る、というのではない。

人生がつまらないとき、シュウマイがつき合ってくれる。人生いやんなっちゃった、というようなときってありますよね。

そういうときはシュウマイに限る。

シュウマイって、なんだかつまらなそうじゃありませんか。

シュウマイを四つほど皿に盛って、一つずつジーッと見つめてみましょう。みんな、じーっとしていて、黙然としていて、ひっそりしている。内省的な感じもある。

右側に少しかしいで、そのまま考えこんじゃってるのもいるし、うつむいて沈みこんでいるのもいる。

うずくまっているそれぞれが、孤独感をただよわせている。四つ揃っていながら、みんな勝手な方向を向いていて、連帯感がまるでない。ギョウザの元気、ギョウザの整然、ギョウザの連帯感と較べてみると、その違いがよくわかる。
皿の上でつまらなそうにしているシュウマイと、人生いやんなっちゃった人と、なんだか話が合いそうだ。(㉟)

シュウマイ

不思議なことに、シュウマイは上等の挽き肉だけで作られたものはかえっておいしくない。小麦粉たっぷしの、安もののほうがかえっておいしい。皮も大きめで、上のほうに少し余ってピラピラしているほうがおいしい。

この〝皮ピラピラ〟が口の中でピラピラしておいしい。

肉ぎっちり、皮ピッタシのものは味が単純で物足りない。(35)

生姜《しょうが》

いわゆる香辛料といわれているものの中で、生姜ほど日本人の食生活になじんでいるものはほかにない。

ワサビもかなり日本人の食生活に浸透しているが、残念ながら熱によわい。

だからワサビは刺し身などの生物《なまもの》関係に限られる。

それに比べて生姜の活躍の場は広い。

鰯や鯖や鯵などの青魚系には生姜。

馬刺し、レバ刺しも生姜。

冷や奴、焼きナスも生姜。

天ぷらの天つゆにも生姜。

ワサビはそのままでは食べられないが、生姜は食べられるところも強みだ。

糠漬け、味噌漬けとしての生姜。

寿司のガリとしての生姜。
紅生姜としての生姜。
そして、生姜最大の華やかな大舞台、豚肉生姜焼きとしての生姜。
この料理ばかりは生姜なしでは成立しない。(㊴)

焼酎

焼酎は刺身に合わず、冷や奴に合わず、寿司に合わず、ソーメンに合わず、ムール貝とアンディーブのサラダ、サフランの香りに合わない。さつま揚げにこそ合う。

(⑳)

醤油

朝食のおかずを、醤油なしで食べていくところを次々に想像してほしい。
醤油なしの海苔を、ゴハンに巻いて食べるところ。
醤油なしのカマボコを、ゴハンといっしょに食べるところ。
醤油なしのワサビ漬を、ゴハンにのせて食べるところ。
醤油なしの生卵を、ゴハンにかけて食べるところ。

醤油なしのトロロ芋を、ゴハンに混ぜて食べるところ。

納豆もカマボコもワサビ漬も海苔も生卵もトロロもホウレン草も、一応みんなおかずとして偉そうな顔をしているが、自分一人ではどうにもならない存在であったことを、ここで初めて思い知らされるのである。

一見、立派に自立しているように見えてはいるが、実は醤油におんぶにだっこの人生だったことを、つくづくと知ることになるのである。（㉖）

ショートケーキ

ショートケーキの魅力はぬめりにあります。口の中でぬめる。シロップがしみてしっとりとなったスポンジケーキに、クリームがからまって舌の上でぬめり、口の中全体で甘くぬめる。

口の中で、カステラのような味がして、クリームの味がして、ミルクの味がして、リキュールの味がして、その全体がぬめぬめと甘くぬめる。

噛むところはどこにもなく、舌はぬめぬめの中を自在にぬめりまくる。

このとき、誰もの顔がうっとりとなる。（おじさんを除く）（㉟）

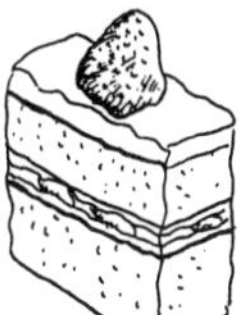

食パン

パンの中で、一番真面目なパンはどれか。

それはまちがいなく食パンである。

身辺を飾ることなく、虚飾を排し、自らは語らず、無欲恬澹《てんたん》、媚びず、へつらわず、ただこげ茶色に日焼けして静かに端座している。

その風貌は、まさにパン界の実直代表といえる。

他のもろもろのパンたちの、小賢しい小細工、おもねり、目立とう精神を一蹴して、威風堂々、自信に満ちあふれている。

奇をてらわぬ実質本位のその形からも、真面目ひとすじ、朴訥《ぼくとつ》、愚直ともいえる生き方が感じられる。（㉓）

しらす干し

しらす干しはわざわざ買いに行くものではない。

スーパーなどで、あれこれ買い物をしているときにふとしらす干しが目に入る。

このときふと買う気になるか、まるでならないか、そこのところがその人の分かれめである。

しらす干しにもたまに思いを致す生活。そういう生活。おいしい生活。（41）

しらす干し

しらす干しを食べるとき、多数の悲劇、ということを考えないわけにはいかない。
しらす干しの一匹一匹は、無名のうちに生まれ、無名のまま死んでいく。
多数の中に埋もれて死んでいく。（42）

白滝

白滝は、元をただせばコンニャクである。
コンニャクの出生地は群馬県である。いってみれば田舎者ということになる。
白滝は、この出自を嫌った。人に知られたくないと思った。
コンニャクは、その田舎風のひなびたところが人びとに愛されている。
素朴、善良、律義、愚直といったところが好かれているのだ。
なのに白滝はそこのところを嫌った。
そこで我が身を細くし、都会風（本人だけがそう思っている）に装い、暗い出生

(本人だけがそう思っている)から逃れようと思った。都会風に装えば、お座敷のかかる率が高くなると考えたのである。白滝のあさはかさというよりほかはない。

そうして、コンニャクというにも泥くさい名前を放擲し、「白滝」などという聞くだに恥ずかしくなるような美名をみずからにかぶせたのである。(⑬)

汁かけ飯

汁かけ飯というのはですね、ゴハンに味噌汁をかけたもの。ただ、それだけのものです。

これをズルズルとかっこむ。

おかずはなし。

味噌汁そのものがおかずというわけで、言ってみれば〝液体おかず〟というわけですね。

ズルズルとかっこめば、ゴハンもおかずも、ついでに味噌汁さえもいっぺんに食べたことになる。まことに勝負が早い。

もう、なんというか、安直、簡便、下品この上ない食べものなのだが、これが旨い。(㉘)

（し）

汁かけ飯

汁かけ飯は、お茶漬けと違って、冷えていたゴハンが、これから温まろうとするあたりがおいしい。

ゴハン粒に味噌汁がしみこまないほうがいい。口の中で、ゴハンと味噌汁が、はっきり別の味となっているところが、汁かけ飯のおいしさだ。そしてゴハンと味噌汁が、それぞれ独身だったときの味と違って双方不思議な甘さをかもし出す。

最初の一口を、ズズッとすすりこんで、モグモグとゆっくり味わったあとは、なぜか急にフンガー的心境になって加速度がつき、残りは息もつかずに一気にかっこんでしまうところも、汁かけ飯の不思議なところだ。（㉘）

白いゴハン

「白いゴハンが好きだ」

ということを、ぼくはこれまで力強く言ってきた。

自信をもって言ってきた。

と同時に、

「味のついているゴハンは嫌いだ」

ということも自信をもって言ってきた。

白いゴハンはどんなおかずにも合う。

白いゴハンに海苔の佃煮。白いゴハンに葉唐がらし。白いゴハンにメザシ、納豆。白いゴハンに刺し身、スジコ。

とにかく何でも合う。

ところが、ひとたびゴハンに味をつけてしまうと、これらすべてが合わなくなる。

たとえば山菜おこわに海苔の佃煮。

お赤飯に納豆。鶏釜飯にメザシ。

ピラフに刺し身、スジコ。

ゴハンものの楽しさは、白いゴハンを、キンピラゴボウで一口、次は白菜キムチで一口、エート次は塩鮭でいこうか、それともマグロの刺し身にしようか、といったような組み合わせの自在性にあると思う。

味のついているゴハンは、こういう楽しみがほとんどない。㉙

ジンギスカン

ジンギスカンは、最初の肉の一枚が焼きあがるまでが実に待ちどおしい。ときどき箸で意味なく肉を突ついたり、焼けてないのにひっくり返したりする。そして一枚が焼きあがると、そこから急に超多忙になる。次から次へどんどん焼けてきて、めまぐるしいような気持ちになる。(⑭)

(し)

新生姜

新生姜の匂いって、いつ匂ってきても、

「あ、いいな」

って思いませんか。

かといって、コップなどに挿してテーブルの上に置き、ハーブのように楽しむ香りではない。思いがけないときに、ふと、匂ってくるのがいい。

スーパーなどで新生姜を見つけ、なに気なく取りあげ、なに気なく鼻のところへ持っていく。

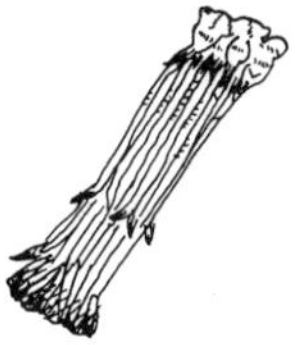

「あ、いいな」
と思う。
あの「いいな」はなんでしょう。
すがすがしくて、新鮮で、少しトゲトゲしていて、どこか湿った土の匂いがして、
なんだか少し懐かしく、心が洗われるような思いがし、体のどこかが癒されるような
感じもあって、それら全部が「あ、いいな」になるんだと思う。（㊴）

す

酢

酢は時の結実
自然がくれる時の方程式（㊸）

スイカ

まん丸なスイカの上に包丁をあてる。

あてて、まてよ、なんて思ってスイカを少し回したりする。

どこに刃をあてても同じなのだが、一度は迷うものなのだ。

最初ちょっと抵抗があって、それからズズッと刃が入って急にラクになり、最後にまた少し抵抗があってスイカは二つに切断される。

突然赤い肉が現れる。

グリーンに黒に赤、この配色の妙はさすがスイカといわざるをえない。スイカは優れたデザイナーなのだ。（⓮）

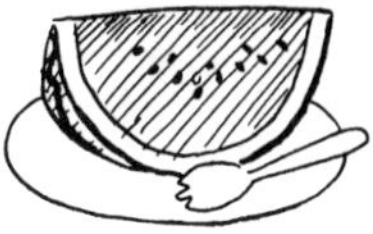

スイカ

スイカの赤いところを、どこまで食べてどのくらい残したらいいのか。

人々はこの問題で深刻に悩む。

自分一人で食べるぶんには何の問題もないが、他人がからんでくるとむずかしくなる。

よその家でスイカをご馳走になる。

一切れの、最初の一口、二口は何の問題もないが、終盤にさしかかったあたりで人々は悩みはじめる。

〝赤いところ〟をいくらか残さなければならない。

その〝いくらか〟のところで悩む。

まっ白になるまで食べるのは、いくら何でもみっともない。

かと言って、赤いところをたくさん残したのでは、ご馳走してくれた相手に申しわけない。

ごく自然に、何の意図もなく食べ進んでいって、ごく自然に食べ終わったら、ごく自然にこう残りました、そういうカタチを取りたい。

そのために、食べ終わって一度スプーンを置いたのに、折れ線グラフ状に残った赤いところの大きな山を、改めてスプーンでけずって〝最後の仕上げ〟をする人もいる。

一種の修正ですね。

一度修正して気に入らず、再度修正を試みる人もいる。

赤く残っている部分は、その人のふだんの行い、ふだんの暮らしぶりそのものだから困る。シンボルだから困る。(30)

す

水筒

水筒というのは不思議なもので、こいつを一つ、肩からななめにさげただけで、たちまち行楽の気分になる。

ためしに、どこからか水筒を引っぱり出してきて肩からななめにさげ、「るんるん」とひと言つぶやいてみてください。ホラみなさい。気分はすでにハイキングだ。

「わたしを野原につれてって」

という気分になったでしょう。(㉖)

すいとん

すいとんはとにかくニッチャリしていた。ニッチャリしていて、古い湿った倉庫の奥のほうにしまってあった穀物の、カビくさいような味がして、子供心に一刻も早く飲みこんでしまいたいと思ったものだった。(㉞)

寿司屋

寿司屋は、一人の人間が、もう一人の人間の一口分を、わざわざ一口分に形づくって食べさせる商売である。

食事の始めの一口から、終わりの一口まで、全部一口分にこしらえてくれる。あとはもう口に入れるだけ、という状態にしてくれる。（㉛）

スシ屋とソバ屋

スシ屋とソバ屋はマナーがうるさい。

「ああしちゃいかん。こうしちゃいかん」と能書きが多い。

スシ屋のカウンターでは、客はビクビクしている。

「いまの食べ方は、あれでよかったのだろうか」「いまの注文の順序は、あれで正しかったのだろうか」

と反省ばかりしている。

ソバ屋では、

「いまのツユのつけ方は多すぎたのではなかろうか」「いまのすすり方は、はしたなかったのではないだろうか」

と後悔ばかりしている。（㉖）

(す)

スパゲティ

新宿の紀伊國屋書店のビルの地下に、スタンドだけのスパゲティ専門店がある。ここはO字型のカウンターになっているので、客全員の食べ方を見ることができる。見ていて、三つのタイプに大別できることがわかった。

①終始一貫グルグル派。つまり正統派。

②初期グル途中からなりゆきまかせ最後ズルズル派。

③ノングルうどん食い一筋派。

①は見ているとグルグルばっかりしている。食べている時間よりグルグルしている時間のほうが長い。こういう人は、食べに来たのではなく、スパゲティをグルグルしに来たと考えられる。

②が一番多い。最初だけグルグルグルし、こうして一応グルグルしたかんな、手続きだけは踏んだかんな、書式は整ったんだからあとは自由にさせてくれよな、というタイプである。

わたくしもこれです。

③はおじさんに多い。

ぼくが見たうどん派の最右翼は次のようなものであった。

このおじさんは、茹でたての湯気のあがったスパゲティに、フォークを箸みたいに持って、ま横に差しこみ、大量にすくい上げるとこれを高く掲げ、うどん方式で二度、三度と上げ下げし、あまつさえこれをフーフーし、力強くズルズルズルッと音高くすすりこんだのであった。

自信に満ちていたのがとてもよかった。(㊳)

スルメ

どういうときに人はスルメを食べようとするのであろうか。

まず第一にヒマでなければならない。

ヒマですることがなく、本を読むのも面倒、テレビも飽きた、散歩もおっくう、腹もすいてない。昼寝もついさっき済ませた、というようなとき、じゃあスルメでもかじってみるか、ということになってようやく登場する役柄なのである。

食べ物というよりレジャー用品、ヒマつぶし用具といえるかもしれない。

なにしろスルメ一枚に取り組んだら、小一時間はつきあわされる羽目になる。(㉕)

せ

清涼飲料水

清涼飲料水……。

だれが考えた言葉かしらないが、実に物々しい表現だと思う。

なにしろ「清涼」である。

漢文調というか美文調というか、飲むと全身に清涼の気がみなぎる飲み物、とこういいたいらしいのだ。

たかが味つき水じゃないの。なにも「清涼」まで持ち出すことはないのではないか。

(⑫)

赤飯

折り箱のフタを開けて、ワリバシを割る。

折り箱の中には、ゴワゴワと冷えきった赤飯が、アズキの粒とゴマの粒を散在させながら展開している。

一瞬ためらったのち、ワリバシをその一角に突入させて掘り起こそうとすると、予想したとおりの抵抗にあう。

冷えきった赤飯は硬い。

そして連帯している。

ほんの一口取りあげようとしているのに、周辺一帯が、折り箱の形のままモッコリと立ちあがってくる。

場合によっては、折り箱ごと持ちあがったりする。

ここで大抵ワリバシが折れる。

ここで大体怒りがこみあげる。

本当にしようがない奴らなのだ。

「甘くみたのがいけなかった」

と反省し、新たな決意をもって今度は慎重にハシを突入させ、慎重に掘り起こし、ようやく一口分を取りあげて口に入れる。

最初はゴワゴワしただけのものが口の中にあり、それが少しずつほぐれ、やがてモチモチしたモチ米独特の味わいになっていく。

硬くベータ化したデンプンが、口中の水分と熱で少しずつアルファ化していく過程を、逐一まざまざと感知することができる。

ややあって、そこのところにアズキの粒が加わり、これははっきりモチ米とは違った味と歯ざわりでホロリとくずれる。

アズキの硬めの皮が破れて、突然中身の粉っぽい味わいになる。

そうこうしているうちに、「おまたせしました」とゴマの粒が参入してきて、これはプチプチと硬く香ばしく、それまでとちがった新たな味わいを織りこむ。

と思うまもなく、突如、という感じで塩の味がしてくる。

このときの塩の味は新鮮である。

そして塩の味が妙にうれしい。（㉖）

千枚漬

直径十五センチにもなるという聖護院かぶらを、薄く輪切りにして、昆布と酢と砂糖とミリンで漬けこんだ千枚漬は、サクサクと歯切れよく口の中が洗われるようだ。

お茶受けによく、食事の途中の口直しにこれ以上のものはない。（㊸）

そ

ソースセンベイ

ソースセンベイというものも、実に不思議なしろものだ。

ウエハースのようなセンベイに、ソース、ウメジャムなどを塗り、もう一枚貼りあわせて食べる。

センベイは口の中で溶けて、ソースの味だけが残る。二枚食べても、三枚食べても何だか釈然としない。

これを発明した人は、消費者に何を伝えようとしたのか、一度とくと訊いてみたい気がする。（㉘）

ソーセージ

ソーセージのおいしさは、アツアツのところをかぶりつく瞬間にある。

茹でるにしろ、焼くにしろ、炒めるにしろ、とにかくアツアツ。

火傷の危険はあるが、それでもとにかくアツアツ。

湯気の立つそいつをフォークでプスリと刺し、口のところへ持っていって口をアングリとあけ、上の歯と下の歯ではさむ。歯先から超アツアツがジーンと伝わってくる。

恐る恐る上下の歯を加圧させていくとパリッと皮がはじけて破れる。

この瞬間がなんともいえない。

この瞬間がソーセージの魅力の七〇%を占めるといってもどこからも文句はこないであろう。

テレビのコマーシャルでも、この瞬間の音をやたらに聞かせている。

パリッとはじけた瞬間、歯はそのときのかすかな震動に酔いしれ、歯ぐきはそれに共鳴し、歯全体は成功の歓びの歌を歌う。（㊵）

そ

ソーメン

いまは夏といえばソーメン、冷やむぎの影がうすい。

お中元が近づくと、デパートのお中元カタログが新聞に折りこまれてくるが、載っているのはソーメンばかり。

寒風づくりです、とか、三年蔵ものです、とか、三輪です、とか、小豆島です、とか、イボの痔です、じゃなかったイボの糸です、とか、いろんなことをいって、ただのソーメンじゃないんだかんな、だから桐箱に入れちゃうんだかんな、要するにそういうわけで高い値段取るんだかんな、という姿勢のソーメンばかり。

冷やむぎのほうはなすすべがない。

ソーメンは長い時間をかけて、手づくり、手延べ、だからとっても大変、だからとっても高級、というキャンペーンを張ってこれに成功した。

その間冷やむぎはなにもしなかった。

高級路線に成功したソーメンは、高級料亭にも採用されるようになった。懐石のコースの最後に女将が登場し、

「お食事は秋なら松たけごはん、冬ならスッポンの雑炊どすけど、夏なのでおソーメンにしてみました」

の口上と共に、太くて青い竹をタテ割りにした器の上に氷の細片を敷き、その上にスダレを敷き、全員一本一本身長を揃え、一糸乱れず、まっすぐ長々と大切に横たえ

られたソーメンが登場する。

冷やむぎがこんなふうにきちんと揃えられたことが一度だってあるか。誰がどれやら勝手バラバラ、ソーメンと比べてあまりにも扱いが冷たすぎはしないか。ソーメンをきちんと揃えるなら冷やむぎもきちんと揃えてやれ。ヤキソバもきちんと揃えてやれ。(㊳)

即席ラーメン

即席ラーメンは、いま、単純化、復古調のきざしを見せている。

草創期の「お湯をかけるだけ」の姿に戻ろうとしている。

これは大変いい傾向である。

即席ラーメンは手間ひまが単純であるほどよい。

一時、「繁雑化」「高級化」の時代があったがあれはよくない。

「スープ粉末」だの「味ベース」だの「香料オイル」だの、あれこれチマチマした小袋が三つも四つも袋の中に入っているのが流行した時代があったが、こういうのは即席ラーメンとはいえない。(⑬)

蕎麦

そもそも蕎麦は、どんなやせ地でも、寒冷地でも栽培でき、年に二回も収穫できることから、救荒《きゅうこう》作物として重宝がられていた穀物である。

たかが蕎麦なのである。

その、たかが蕎麦に不思議な力がある。

たとえば、日本料理屋に出かけて行って、ゴハンだけ食べて帰ってくる人はいない。

定食屋でも、ゴハンと味噌汁だけ食べて帰ってくる人はいない。

蕎麦屋のいわゆる盛り蕎麦は、定食屋のゴハンに相当するものであると考えられる。

蕎麦屋には、わざわざ蕎麦だけを食べに行く人がいる。

かえって、そういう人のほうが、通であると思われている。

どうです。いくらゴハンが偉いからといっても、この点では明らかに蕎麦に負けている。

そのうえ、ゴハンでは、人は蕎麦ほどには騒がない。

せいぜい粘りがどうの、光沢がどうの、香りがどうの、立ってるの、立ってないの、ぐらいしか騒がない。

まして食べ方では、まるで騒がない。野放しといってもいいようだ。（⑯）

蕎麦

昔から言われている食べ方の基本は、蕎麦にツユをたっぷりつけるな、というものである。

箸でつまみあげた蕎麦の先端にほんの少し、うんと大目にみて三分の一まで。三分の二まで何とかならないか、と交渉してみても、どの店の主も首を横にふるばかりである。

それどころか、まったくつけるな、という無慈悲なことを言う人まで出てくるのだ。（⑯）

そ

蕎麦がき

蕎麦がきというのはですね、蕎麦の粉を湯で練ったものです。

われわれがふだん食べている蕎麦は、この蕎麦がきを棒で押して拡げ、薄い板状に伸ばし、それを包丁で細く切ったものなのです。

蕎麦がきは、こういうことをしない前に食べちゃうわけ。

蕎麦がきというものは、粉をこねただけでもう食べられるわけ。

そんなもの旨いの？　と訊かれれば、旨いわけないだろ、と答えるわけ。

じゃあ、なんでそんな旨くないものを食べるのか、ここんとこなんですね、問題は。

ぼくはときどき蕎麦がきを自分で作って食べるんですが、ほんとに旨くないです。

これを伸ばして包丁で切って、ちゃんと蕎麦になったやつを食べたほうがはるかに旨いです。

だけど蕎麦がきって、食べててなんだかしみじみしてくるんですね。

蕎麦がきは、ふつう蕎麦つゆや醤油で食べるんだけれども、何にもつけないで食べるとよけいしみじみしてくる。（42）

蕎麦屋

蕎麦屋のメニューは、どの店も共通して、「もり、かけ」から始まる。

いきなり「なめこそば」から始まる店はない。
もり、かけ
ざる
きつね、たぬき
月見そば
鴨南ばん
というふうに続いていって、一番おしまいのほうに、
天ぷらそば
鍋焼うどん
が来てメニューが終了する。
これは何を基準にした順序かというと、値段である。安いのから高いほうへ、という基準である。
じゃあ値段だけか？　本当にそれだけか？　と言われると少し不安になる。（⑳）

㋞

蕎麦屋のカレー

蕎麦屋のカレーの特徴その①　色が黄色い。そのことが懐かしい。

その②　カレーソースがゴハンの全域に平均にかかっている。そのことが嬉しい。
その③　福神漬たっぷし。そのことが好ましい。
その④　カレーソースに粘りがある。そのことが喜ばしい。
そして、これが最大の特徴なのだが、皿の上に平らにゆったり展開して湯気を上げている姿が、実に平和でのんびりしていることだ。
そして熱い。蕎麦屋のカレーは熱いのだ。（㊷）

ソフトクリーム

ソフトクリームはタテの食べ物であり、トウモロコシはヨコの食べ物である。
ついでにいうと、バナナはナナメの食べ物である。
なんのことかというと、食べるときの持ち方のことだ。
ソフトクリームは、食べるときまっすぐに立てて食べる。
真横に寝かせて食べる人は一人もいない。
真横に寝かせても食べられるが、その瞬間から様々な悲劇が起きる。
いまここに書くのもためらわれるような悲劇が起きる。
まっすぐに立てて食べていてさえ、〝たれる〟という悲劇性を持つ食べ物であるゆ

え、真横はどんなことがあっても避けなければならない持ち方である。（41）

ソフトクリーム

ソフトクリームの魅力は最初の一口、すなわちとんがった先端をパクリとやることにつきる。

そのあとの魅力は半減どころか九割減だと断定してもよい。

だからぼくは、もし、自分がビル・ゲイツのような金持ちになったら次のようにするつもりだ。

ソフトクリーム売り場に行ったらいっぺんに二十個注文する。

ぼくのうしろには二十人のバイトが従っている。

ぼくは次々にソフトクリームのテッペンだけ食べて、次々にバイトに下げ渡していく。

総費用いくらかかるかわからないが、これがぼくがビル・ゲイツになったときの夢だ。（41）

ソラ豆

ソラ豆とビールは切っても切れない深い関係にある。

ソラ豆は、単独では世間に打って出ることができない。常にビールの力を借りなければ、世間に出ていくことができないのである。

ソラ豆はおかずにならず、おやつにならず、日本酒、ウイスキーにもあまり合わない。

ビールだけが頼り、ビールがなければ夜も日も明けぬというビールの愛人のような存在なのである。（⑬）

た

タイ

タイには人に触れられたくない弱みがあるのだ。〝オメデタイの秘密〟といってもいい秘密がある。

タイは、〝オメデタイのタイ〟ということで人にも知られ、自らも誇りにしているのであるが、実はこの〝オメデタイ〟のタイは、〝飛ビオリタイ〟のタイでもあり、〝首シメタイ〟のタイでもあり、〝死ニタイ〟のタイでもあるのだ。つまり〝不吉のタイ〟でもあるのだ。

いままで誰にも指摘されたことのない事実であるが、それを指摘したのが〝ヨロコブ〟のコブだと言われている。（㉟）

大根

大根だけは、ただひたすらだらしなく、「こうしてます」という方針が感じられない。

八百屋の店先で、三食昼寝つきを決めこんでいるオバタリアンのように見える。

何か考えているのかというと、何も考えてやしないのだ。

形も凡庸《ぼんよう》に過ぎる。

こうなりたかった、こうしたかった、という目的が感じられない。

たとえばレンコンなんかは、同じ土中に育つという境遇にありながら、さまざまな工夫をこらしている。くびれてみたり、体の中に穴を何個も通してみたり、個性的であろうと努力している。

大根はどうか。

ただ土を、横の方向とタテの方向に何の考えもなく押しひろげていっただけだ。

その結果、円筒形になっただけだ。

色さえつけるのを忘れてしまっている。

ニンジンやゴボウは、きちんと自分の色というものを持っている。

赤カブ、アスパラ、トマト、ワケギなどの才気も感じられないし、ニンニク、生姜、ワサビ、唐がらしなどの精悍《せいかん》さもない。

図体だけ大きく、どう見ても頭がよさそうには見えない。(㉖)

大根

武者小路実篤氏の絵には、カボチャ、キュウリ、ナス、ニンジンなどが選ばれて登用されるが、大根だけは一度も選ばれたことがない。

聞くところによると、話はあったらしいが大根のほうで断ったということだ。

ぜひ一度、大根と酒を酌みかわしながら、秋の一夜を語りあってみたいものだ。

(㉖)

大根おろし

大抵の居酒屋のメニューに、「おろしグループ」というものがある。

しらすおろし。

なめこおろし。

いくらおろし。

お酒もたくさん飲み、食べるものもいろいろ食べ、それでももう一杯だけ飲みたい、そういうときに彼らはぴったりくる。

塩辛、コノワタのたぐいもわるくはないが、この両者では飲み続けた口中のねばりはとれない。

大根おろしが口中を洗う。

清涼。清新。再起。(㉜)

大根おろし

大根をおろしていると、途中で一回必ずため息をつく。

大根一本を、一回もため息をつかないですり終えることができたら、その人は偉人である。常人ではない。

大根をおろす作業はあまりにも不安定要素が多すぎる。

左手で大根おろし器をしっかりつかみ、容器にしっかり押しつけ、右手でしっかり大根を握り、その大根を大根おろし器にしっかり押しつけ、しっかり上下に揺り動かす。

この〝しっかり〟をおろそかにすると、すべての作業が破綻する。しっかりの部分で、しっかり疲れてしまう。

そのうえ、揺り動かしても、揺り動かしても、生産される大根おろしの量があまりに少ない。

これほど労多くして、収益の少ない作業はほかにないのではないか。（㉜）

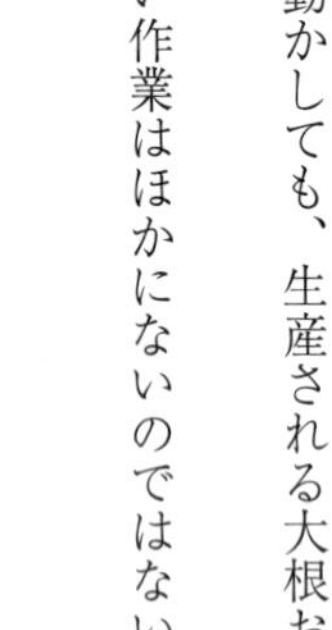
プロはこれが
一番と
いいます
なるべく
大きいの

大根おろし

大根おろしはとても情けない思いをしているのではないだろうか。

とにかく本体がメチャメチャだ。

まさかこうまでされるとは、本人も思っていなかったにちがいない。

太くて、大きくて、張りつめていて、堂々とあたりを払っていたあのたくましい大根が、いまはただべちゃべちゃとした水分と、なにやら白っぽいカスのようなものだけになって平たくただよっている。

亡ぼされ、平定されたむなしい姿をさらすことになってしまった。（37）

大衆食堂

大衆食堂のよさは、決まりきったところにある。

まずメニューが決まりきっている。

大衆食堂といえばまずカレーライス。

天丼、かつ丼、親子丼。

ラーメン、ヤキソバ、チャーシューメン。

そうしてメニューのおしまいのほうに三ツ矢サイダーの文字。

一般大衆が食べそうなものが、一軒の店に全部揃っている。一つのテーブルで、和も洋も中も印も運ばれてくる。

それから味が決まりきっていた。〝大衆食堂の味〟というものがあって、店主は根性入れて料理を作ったりはしない。

気楽に、適当に力を抜いて、根性を入れないで作った親子丼がおいしい。

客のほうも、気楽に、適当に力を抜いて、根性を入れないで食べた。

このラーメンのスープの味はどうのこうのというようなことは一切言わなかった。気楽に対するに気楽、気楽同士の気楽さがおいしかった。（㊳）

大食堂

大食堂の三大特徴は、「テーブル中央の逆さ伏せ湯のみ群を従えた大ドビン」と、「電車の切符によく似たチケット」と、「当然の相席」である。もう一つ付け加えるならば、「劇場の、休憩時間のロビーのようなざわめき」である。（㉓）

大ジョッキ

大ジョッキ解禁。

別に冬や春や秋は大ジョッキ禁止というわけではないが、この季節は大ジョッキは似合わない。

大ジョッキは、やはり若葉のころからがよろしい。

ぼくなどは、桜が散り始めるころから、台所の棚のすみにしまってあった大ジョッキを取り出し、ようく洗い、乾かし待機している。

大ジョッキ解禁をいつにするかを考えている。

木々の緑が一段と鮮やかになったな、と感じた日が解禁の日である。

この日はいつもの壜《びん》ビールではなく、樽ナマとか、二リッタルとか称する生ビールを購入してくる。（⑩）

大福餅

大福餅は和菓子なのだが、なんだか菓子という気がしない。

お菓子というものは、お腹にたまらないのが特徴なのだが、大福餅は一個食べただけでお腹にずっしり来る。

お菓子というものは、ふつう少なくとも二個は食べるものだが、大福餅は一個食べると二個目はためらう。そのへんが菓子とちょっと違うなという感じを人に与えるのかもしれない。

和菓子は食べる道具が大体決まっている。ヨーカンならくろもじ、せんべい、最中なら手というふうに。

大福餅を目の前にすると、大抵の人は「エート」と、両手で太もものあたりをさすりながら少し考えこむ。

くろもじではその大きさと重量をとても支えきれない。

大福餅はとても重いのだ。

手で持つには周りについている白い粉が多過ぎる。必ずや手につきハラハラと落ちるに違いない。

結局、大抵の人は、両手で太もものあたりをさすったあと、おそるおそる手を出して手で食べることになる。(40)

鯛焼き

鯛焼きは鯛ではない。

どう見たって鯛ではない。

一応鯛の形はしているが、薄茶色に焼けた小麦粉のカタマリであって、中身はアンコだ。

いわゆる今川焼き、太鼓焼きの変形版である。

鯛の形に似せてあるといっても、輪郭が大ざっぱに鯛で、そこにウロコ風の凹凸を多少つけた、という程度のものである。

作り手だって、鯛に似せようと精魂かたむけた、というわけではない。

それなのに、鯛焼きを手にした人は、それをどうしても鯛として扱ってしまう。

（㉙）

鯛焼き

一度、表面カリカリ時（時《じ》と読んでください）の鯛焼きを食べてみたいと思っているのだが、まだ果たせないでいる。しかし、全身しんなり時の鯛焼きも、これはこれでおいしい。

鯛焼きの魅力は、案外、このしんなりの魅力なのかもしれない。

〝ゆるめ〟の魅力と言ってもよい。

部厚い皮が、カリカリではなくしんなりゆるめ。中のアンコも心もちゆるめ。全体がボッテリしんなりプックリゆるめ。

ゆるめの皮のニッチャリ感。

ゆるめのアンコのユルユル感。

アンコのアズキも几帳面につぶしてなく、ところどころに半壊のアズキがあって、この半壊のアズキが口の中でつぶれるときの感触もなかなかいい。

はっきりとアズキの皮の感触があって、次に実の部分が、まだはっきり穀物の形をしているのにすでにはっきり粉化しているのがわかる。

粉化して、砂糖と混じりあってすでにアンコ化しているのがわかる。

アンコの中の、ときどきの、このツブツブ感がいい。(㉙)

竹の子

出盛りの竹の子は、大切り厚切りを茶色く味濃くさっと煮たのがおいしい。

こういうふうに煮たやつの、根元に近いあたりを、バリバリ、ザクザク食うと実に旨い。

茶色く煮あげた分厚い竹の子の一切れを箸ではさみ、整然とタテに並んで走っている繊維をじっと見ていると、

「よーし、噛んでやるぞ」

という意欲が盛りあがってくるから不思議だ。

噛んでみると、期待にたがわぬえもいわれぬ噛み心地。タテに走っている繊維をタテに押しつぶすことによって、タテに走っている繊維の一つ一つが次々に倒れ、次々に崩壊していくようすが、まるで見ているように感知できる。

竹の子独特のエグミと、旬のときだけにあるほんの少しの甘みと香ばしさ。それに、土くさい竹林の空気の味少々。

竹の子の節と節との間には、ついさっきまで、山里の竹林の空気が詰めこまれていたはずだ。(㉔)

(た)

タコの活き造り

タコの活き造りは直径二十センチほどの皿の上に盛られてやってきた。

さっきのタコにちがいない。

皿の上で全体がクネクネ動いている。

ひとしきりザワザワと動いたあと、少しずつ静かになりやがて動かなくなる。

箸でつつくとまたザワザワといっせいに動き出す。

食べ方は、これをこのまま一本ずつ箸でつまんで、ゴマ油にシオを混ぜたタレにつけて食べる。

箸でつまみあげようとすると、皿に吸いついてはがれまいとする奴もいる。

奴もいる、と書いたが、全体としては一匹なのだから奴というのはヘンなのだが、こうなると一切れ一切れを個人と見なさざるをえない。

口に入れてもしばらくは何ともない。

ふつうの生タコの足を口に入れた感じと少しも変わらない。

と、突然やられました。吸いつかれたのです。痛い。たしかにかなり痛い。

吸いつかれて痛ければこっちだっていい気はしない。

当然、怒りの感情がわきあがってくる。憎い、とも思う。

さっきはつい気の毒だなんて思ったけどいまは憎い。

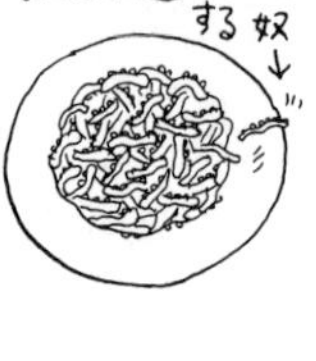

特に上アゴに吸いつかれたときはあわてる。これまでに上アゴを食べ物に吸いつかれて痛いという経験がないからかなり狼狽する。

向こうにしてみれば、急にちょん切られて何がなんだかわからなくなっているわけで、とにかくいま自分ができる仕事は何かに吸いつくことだけだ、と必死の思いのはずだから、同情すべき点もないではない。

この料理の問題点は、この痛さに意味があるのか、という点です。

ただ痛かっただけで、いいことあんまりなかったな、というのがいまの感想です。

㊶ タコ焼き

タコ焼きを焼くのって、一種のショーですね。ステーキの「紅花」の、包丁ショー以上のショーといってもいい。

コセコセ、セカセカ、チマチマと、まことに地味で、派手なところはないが見ていて飽きない。何十個と並んだ穴の上に、小麦粉のゆるい生地をサーッと流し入れると、穴はたちまち見えなくなって、一面、白い田んぼとなる。

そこへ、紅生姜、揚げ玉、ネギなどを、穴の位置を無視してふりまいていく。ここで、見ている客は漠然とした不安に襲われる。

（そんなふうに、個別の概念を無視していいのか）

という不安である。と同時に、作っているオニイチャンに対する不信の念も少し芽ばえる。

（オイ、オイ、大丈夫か）

というやつだ。特に、オニイチャンが自分の分を作っているときには不信の念はいっそう強くなる。

そういう疑惑の目で見ているところへ、こんどはタコの切れはしを、またしても穴を無視したようにまき散らしていく。

（オイ、オイ、それでちゃんと一穴一タコになっているのかよ。一穴二タコならいいけど、一穴無タコは許さんかんな）

と、このショーは、利害がからんでいるだけに観客の目は真剣だ。

次に、穴の周りの生地を金串で穴の方に掻き寄せると、一面白い田んぼだったところから黒い鉄板が少しずつ姿を現し、作り手の個別化への意志が明らかとなり、観客の不信は少し薄らぐ。

頃合いをみて、オニイチャンは金串の先で穴の周りをひと掻きすると、半円のもの

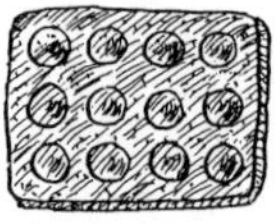

ずっしり重いタコ焼き器

が突然立ちあがり、その下側へ周りから掻き集めたものを押しこみ、全体をさらに半回転させると、形はすでにもうタコ焼きそのものだ。（35）

タコ焼き

タコ焼きを口に入れて、いきなり全体を嚙みくだく人は少ない。まず外周部を二、三回優しく嚙み、それから、タコいきますッ、とタコを嚙む。

タコ焼きを口に入れた瞬間から、歯はもうタコを恋しがっているのですね。乳児が乳首を求めるように、歯がタコを恋しがっている。

そこを、ドー、ドー、と制し、マテマテと押しとどめてから、ヨシ、イケー、とタヅナをはなしてやるわけです。

歯はタコを求めてまっしぐら、たちまちタコに突きあたり、あたった瞬間、居ター、と喜ぶわけです。たしかに、ゆるゆるの中の弾力のある硬さは、歯ならずとも、歯の持ち主の本人も嬉しい。（居てくれたのね）と嬉しい。もし、タコを求めてゆるゆると嚙みしめていって、中にタコがいてくれなかったらどんなに寂しいことか。どんなにむなしいことか。（35）

たたみいわし

こんなにもたくさんの小さな目玉たち。
こんなにもたくさんの小さな尾ひれたち。
こんなにもたくさんの圧縮された小さな命たち。
小さな命による入りくんだ造形。
折り重なった命がつくる面積。
大海を行く小魚の大群の一瞬の静止画像。
その静止画像をプリントアウトして出てきた一枚の魚たちの紙。
その静止画像にお醬油をつけてパリパリパリパリ……。
しかしうまいな。（43）

たたみいわし

軽くあぶって醬油をつけて食べる。

小魚特有のほんのりした苦みがあって、それが少し焦げた醬油の味と合って香ばしくておいしい。

午後の浜べの磯の香りがする。

それよりなにより、タタミイワシの真骨頂は噛みごたえにある。

あるかなきかの厚みを歯で確認し、しっかり確認したあとピリピリと引き裂いて口に入れる。

タタミイワシは、この〝歯の確認〟がおいしい。確認のときの、鼻腔をくすぐる磯の香りがおいしい。(32)

立ち食いそば

駅の構内を歩いていると、立ち食いそばの匂いがしてくる。

この立ち食いそば屋のそばつゆの匂いの訴求力は強い。

それまで歩いていた速度が、そこへ来て急にゆるむ。

毎日、通勤でその店の前を必ず通る人でも、

(このへんで匂ってくるんだよね)

と期待しつつ近づいて行き、いざ匂ってくるとわざわざ近寄っていって匂いをかぎながら通り過ぎたりする。(41)

立ち食いそば

立ち食いそば屋でそばを食べている人は、世間から二つの評価を受ける。
「あの人がああして立ち食いそば屋で天ぷらそばを食べているのは、忙しくて時間がないからだ」（評価その1）
という評価と、
「あの人がああして立ち食いそば屋で天ぷらそばを食べているのは、カネがないからだ」（評価その2）
という評価である。（㉚）

立ち食いそば

立ち食いそばの食べ方の、もっとも特徴的なものは、立って食べるという点にある。

立ち食いそばの正しい食べ方は、すわって食べたのでは立ち食いそばにならないから、立って食べるのが正しい。

丼を手に持って食べるか、あるいはカウンターに置いたままうんとかがみこんで食べるか、という問題があるが、ぼくとしては後者をとりたい。

左手をわき腹にくの字にあて、うんと背中を曲げ、尻をつき出してズルズルとすすりこむ、これが正しい食べ方である。

背広にネクタイの紳士風の人が立ったまま、丼を口のあたりまで持っていき、両ヒジをきちんと張って背中をそらして厳粛な顔でうどんを食べている図と比較してみるとよくわかる。

このほうが、なぜかずっとうらぶれた感じがするのである。

こういう人は、たいてい「休め」の姿勢をとっている。

うどんをズズーッとすすっては「休め」の足を取りかえ、またズズーッとすすっては「休め」の足をとりかえたりしている。

こういう人は、かえってその周辺に哀愁が漂ってしまう。（❾）

立ち飲み屋

立ち飲み屋の良さとは何か。

特徴その1、まず料金が安い。

読売の記事でも毎日の記事でも、一人平均一一〇〇円から二〇〇〇円弱までという数字が出ている。

特徴その2は気楽ということ。

一人でスッと入ってスッと飲んでスッと出てこられる。

この3スのうちの〝一人で〟という部分が特にいい。(42)

狸《たぬき》汁

狸汁、という字づらは、見ただけでもなにやら不気味な様相を呈しているが、これが意外にも上品な様相を呈していたのである。

赤だし、豆腐、ゴボウ、ワケギといった料亭風雰囲気のお椀の中に、狸の小さな脂肪の塊が四粒ほど浮いている、肉の部分はない。

この小さな脂肪を噛みしめると、意外にも手強いけものの臭気が立ちのぼってくる。すなわち、肉のほうはもっと手強いはずだ。とても汁の中には入れられない、ということだったのかもしれない。(28)

たぬきそば

ときどき妙にたぬきそばを食べたくなることがある。

丼の表面いっぱいに敷きつめられた天かす。この天かすが実にもうそばツユに合うんですね。

最初のころの、まだそばツユを吸ってないカリカリの時代。

これはこれでカリカリとおいしく、やがてツユを吸ってモロモロになるモロモロ期。

このモロモロ期がたまりまへん。

天かすから出た油がそばツユに混ざり、そばツユが天かすにしみ込み、両者が混ざりあったモロモロを、そばツユといっしょにニョロニョロと吸いこむ。

あー、あのときのあの匂い。

あー、あのときのあのヨロコビ。（❸❾）

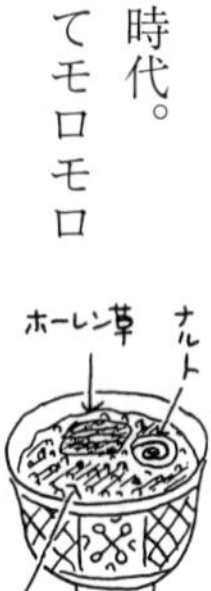

食べ放題

このところ、食べ放題が大はやりだ。

焼き肉の食べ放題、しゃぶしゃぶの食べ放題、寿司の食べ放題、ケーキの食べ放題、カレーの食べ放題なんてものまである。

寿司とか、しゃぶしゃぶの食べ放題というのは魅力があるが、カレーの食べ放題というのは、どうもこう、考えただけでもゲップが出そうだ。魅力にとぼしい。

食べても食べてもカレー。また食べてもカレー。少し休んで思いなおして食べてもカレー。頑張ってもう一口食べようかな、と思っても目の前にあるのは黄色いカレー。食べ放題に最も適してないように思うのだが、それでも客が殺到しているという。いずれにしても、〝放題〟というのは品のいい行為ではあるまい。（⑱）

卵

卵を割ろうとして何かに当てるとき、なにかこう謙虚な気持ちになりませんか。もしかしたら失敗するかもしれない。もしかしたら、自分はダメな人間かもしれない。おごりたかぶった人がいたら、とりあえず卵を十個ほど割らせてみるといいかもしれませんね。とてもいい修行になる。（㉜）

卵酒

風邪をひいたら卵酒。というのがニッポンの古くからの言い伝え。

お酒を熱く沸かし、そこへ卵を割り入れてかきまぜる。

作っているときは、なんだかとってもおいしそう。

だけど飲むとまずい。

つくづくまずい。

ノドの奥に、卵とお酒の匂いがウッときてまずい。（43）

玉子丼

玉子丼の卵は半熟でなければならず、一瞬でも火が通りすぎたらもうダメだ。

卵を掻き回しすぎてもダメで、白いところと黄色いところがはっきりとマダラ状になっていなければならない。

玉子丼のツユは親子丼よりも少し甘めがおいしい。

ツユも親子丼より多めがおいしい。

丼の底に少したまって少しビシャビシャするぐらいがいい。

卵の黄色いところと白いところがマダラに分かれ、そのマダラのところに甘めのツユがからんでいて、口の中に入れても、その黄色いところと白いところとツユのところが味わい分けられそうに思う

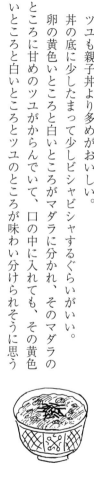

ところに玉子丼のおいしさがある。

このマダラ君がヤワヤワしていて、トロトロしていて、このヤワヤワ、トロトロがゴハンといっしょになったときの〝ユルユルの幸せ〟が玉子丼のダイゴミなのだ。

マダラ君たちが、ニュルニュルと口の中に入ってくるとき、一種エロティックな感覚さえ覚える。ニュルニュルめしのおいしさ。(40)

タラコ

生のタラコは、脇腹もしっぽも、全域同じ味である。

どこを食べても、少し湿って、少し塩っぱくて、少し生ぐさい魚卵の味だ。

ところがこれを焼いたとたん、各地域の味が変わる。

火の通り方の違いで味が変わる。

特に皮の味が変わって見ちがえるようにウマくなる。

特にうんと塩っぱいタラコほどウマくなる。うんと塩っぱいタラコを作るのは簡単で、買ってきた「甘塩タラコ」に塩をびっしり振ってラップで包んで三時間ほどおけばよい。五時間ほどおけば昔の〝ひんまがタラコ〟に近くなる。

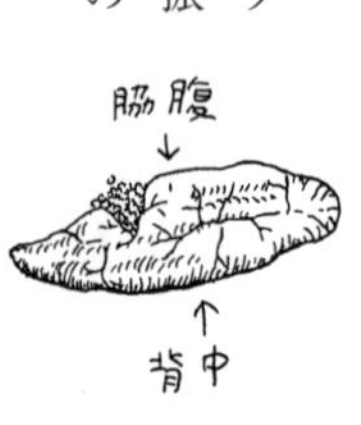

この塩っぱいタラコの皮は、焼くと塩漬け魚卵特有の発酵臭のようなものが生まれる。

うまく発酵したイカの塩からのようないい匂いがする。中身と違う味になるわけですね。

自分は中身と同じだと思っていた皮が、焼かれたことによって目覚めるわけです。自分は皮であったのだと。

生のタラコの皮ははがれないが、焼くとピリピリとはがれる。

はがれた皮の内側に、まだよく焼けていない中身が少しくっついてきて、これをゴハンの上にのせて食べると、よく焼けた皮の味と、まだ生焼けのタラコの味がいっしょになって、なんともうこたえられませんですよ。ハグハグ。お茶漬けもこたえられませんですよ。ハグハグ。(㉟)

タン

タンのおいしさは、えもいわれぬ噛み心地にある。

舌にまとわりついてくるタンを味わっているとき、不思議な一瞬がある。

どちらが自分の舌か、どちらがタンか、わからなくなる恍惚の一瞬である。

舌と舌、似たもの同士がもつれあい、じゃれあう一瞬なのだ。
この一瞬がタンのダイゴミというわけなのですね。（㊸）

団子

口中に転じた団子を、ウンニャラコ、ウンニャラコと噛みしめる。上新粉や白玉粉独特の粘りが、餅などとは少しちがったウンニャラコ運動をもたらすのだ。ウンニャラコ運動の結果、団子に少しずつ唾液が浸透し、次の運動はニッチャラコになる。

このニッチャラコのとき、ニッチャラに合わせて上下に首を振る人もいる。この首振り運動は、餅やセンベイやヨウカンを食べるときにはない団子独特のものだ。
上新粉や白玉粉の粘りと、アンコのかすかな粘りと全体の甘みが、自分の求めていた団子の味にあまりにぴったりと一致するので、ひと噛みごとに「ウン、ソー、コレ！」「ソー、ウン、コレ！」と首を振らせるのだ。ひと噛みごとの納得が、首を振らずにはいられなくさせるのだ。（㉟）

タンメン

タンメンは身なりが貧しい。

見かけが貧相である。

上から見おろすと目につくのは野菜だけである。その野菜も、モヤシと白菜とキャベツという色感に乏しいものばかりだ。わずかに人参の赤が多少の彩りを添えているが、この身なりの貧しさも衰退の一因かもしれない。

そして主役がいない。

ラーメンのほうは、焼き豚、メンマ、ナルト、のりと、メリハリが効いているのだが、タンメンのほうはメリもハリもない。

だからタンメンは、食べ始めから終わりまでペースが少しも変わらない。

淡々と食べ始め、淡々と食べ進み、淡々と食べ終わってしまう。まさに〝淡麺〟である。（㉔）

タンメン

タンメンの魅力は、たっぷりの野菜にある。

キャベツもモヤシも、的確に火は通っているのだが、歯ざわりがシャキッとしている。そうしてさっぱりしている。野菜もスープもさっぱりしている。

ここのところが、濃厚化の傾向にある時代の風潮に取り残された原因かもしれない。

〝丼のフチぎりぎりまで注がれた熱いスープ〟もタンメンの魅力である。

ちょっと傾けるとこぼれそうな丼をカウンター越しにうやうやしく受けとり、「アチチ」なんて言ってカウンターの上に置く。

〝もうもうと大量に立ちのぼる湯気〟が頼もしい。

湯気の量はラーメンの数倍である。湯気ではラーメンに勝っているのだ。

野菜の下の麺をほじくり出すと、湯気はいっそう立ちのぼり、ここのところでたいていの人はむせて咳きこむ。咳きこむところもタンメンの魅力である。

掘り出した麺は、タンメン特有のぬめりと、蒸れた感じがあり、口に入れるとラーメンとは違ったモチモチしたモチモチ感がある。（㉔）

ち

チーズ

人は一度はチーズに誘惑される。

あ、人は、じゃなくて、日本人は、でした。

なんかこう、チーズに言い寄ってみようかな、なんていう気になって、デパートなどのチーズ売り場の前に立ったりする。

最近のチーズ売り場は場所もたっぷり取ってあって、ケースの中には様々な形や色のチーズがぎっしりと展開している。

ケースのうしろには、チーズの知識豊富らしき店員が黒いエプロンをかけて、さあ、何でも聞いてください、といわんばかりにニッコリと立っている。

チーズに言い寄ってみようかな、と思って立ちどまったおとっつぁん（ぼくです）は、何か言いたいのだが何にも言えない。なにしろ何

の知識もない。

そして、なんか妙にうろたえるんですね、あそこは。

落ちついていればいいのに妙にうろたえる。うろたえてアガっちゃう。（㊴）

チーズフォンデュ

餅状にモッチリと溶けたチーズが、パンの大小の気泡の一つ一つにもぐりこみ、かつ、パンに湿り気を与え、かつ温め、かつ、チーズの香りを与えている。

パンは、パリッと乾いているのがおいしいが、フレンチトーストの例をまつまでもなく、湿り気を与えたパンもまたおいしい。いわゆるグシャパン、グッチョリパンのおいしさですね。

その湿り気を与えるものが、ほかならぬ溶けたチーズであるわけだから、単に、パンにチーズをのせた味とはまた一味ちがったおいしさになる。（㉜）

チキンライス

チキンライスは一人黙々と食べるのに向いている。

スプーンですくって口に入れ、黙々とカミながら、「マー、このー、こないだあいつにああいうふうに言ってしまったけど、あれはあながち言いすぎとはいえないな」カミカミ……「ああいうふうに強く言わないと、あいつは気がつかない奴なんだよな」カミカミ……、サクリ、パクリ（チキンライスをスプーンですくって口に入れた音）「要するに」カミカミ「俺は」カミカミ「あいつがあのとき」カミカミ「俺に対して」カミカミ「取った態度を」カミカミ「いまだに許すことができんのだっ」カミカミカミカミカミカミッ。

というふうに、考えごとをしながら食べるのに向いている。（㊶）

チクワ

チクワには実力はない。

どのおでんの店でも、チクワの注文ランクは低い。ちなみにコンニャクや結び昆布のランクも低い。

しかしこの三つは、おでん界にはなくてはならない存在なのである。

お皿の上に、さつま揚げやゴボウ巻きや豆腐や大根やガンモドキをいくら盛りあげても、おでんらしくはならない。単なる煮物の山である。しかし一皿の上に、切り口ナナメのチクワと、三角切りのコンニャクと、黒い結び昆布の三つを盛ってみよう。皿の上は途端におでんとなる。

チクワがおでん界の元老といわれる所以《ゆえん》である。(㉔)

チクワ

チクワは、先祖がカラダのまん中に穴をあけといてくれたという、ただそれだけのアイデアのお蔭で、孫子の代まで一生遊んで暮らせる身分なのである。(㉔)

チクワ天

チクワ天は、その形状はまことに悲惨ではあるが、その味はなかなかに美味である。油で揚げることによってチクワのネッチリ感が増しているのがわかる。

したがって食いちぎり感も増大していて簡単には食いちぎれない。

立ち食いそば屋で、長いチクワ天を、首を左右に振って食いちぎっている人を見ると、なんだか雄々しく、なんだかたのもしく見える。(㊶)

チクワ天

ここでぼくは声を大にして言いたいのだが、チクワ天にはソースより絶対に醬油のほうが合う。

チクワ天に何もかけないで食べる人にも言いたい。絶対に醬油をかけるべきだと。

そしてもう一つさらに言いたい。チクワ天をもっと見直してやるべきだと。もっと広く普及させるべきだと。油で揚げられたチクワはネチッとした歯ざわりで、「これがあのチクワか！」と思うほどおいしく、これに醬油がからまると、弁当のおかずとして比類のないおいしさとなる。

高級懐石弁当などにもぜひチクワ天を取り入れてやってほしい。（㉖）

チクワブ

おでん鍋の中の世界は、ガチガチの閥社会だということは誰でも知っている。最大派閥が、チクワ、ハンペンなどの魚肉練り物閥。そして次が、ジャガイモ、大根などの野菜閥。豆腐、ガンモなどの豆腐閥。タマゴ、バクダンなどのタマゴ閥。

一方、含羞《がんしゅう》の人チクワブはんは、全身くまなくうどん粉でできている。

おでんの中に、うどん粉閥というのはない。

どうしてまぎれこんだのか、チクワブは閥社会の中でたった一人で頑張っているのだ。（㉟）

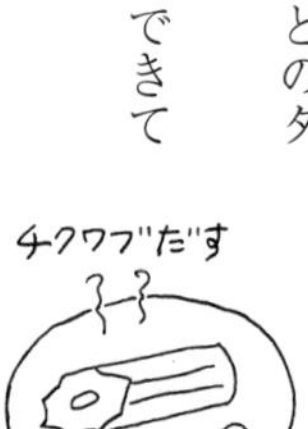

チャーシュー

チャーシューは頼りになる。なんだかかたのもしい。

麺とスープとメンマの母子家庭に乗りこんできた義理のおとうさんのようだ。

チャーシューには、肩ロースとモモとバラ肉があるが、ぼくはバラ肉をとりたい。肉と肉の間に二層ほど、やや透明感がある脂がはさまっているのがいい。ここのところを嚙みしめて、豚の脂とスープが口の中にジワッと拡がるとき、「ラーメンの楽しみの一五%はこれだナ」と思う。しかし、よく味のしみこんだモモもうまい。（㉚）

ち

チャーシュー

チャーシューは、ラーメンの丼の中ではとてもエラソーにしている。

海苔、メンマ、ナルトなどと一緒に並んでいると、一族の長という貫禄さえ感じさせる。

ラーメン屋でラーメンを注文し、湯気を上げたラーメンが到着すると、大抵の人はその全容を一応点検する。

スープの脂の光り具合、ネギの浮き沈み、メンマの質《たち》、フーン、この店では海苔をこういうふうに丼のフチに立てかけるわけね。

そうしてチャーシューを見る。

「居てくれたのね」

海苔やメンマやネギに投げかけたときとまったく違う尊敬の眼差しになる。

常々チャーシューを尊敬している若い人などは、

「いらしてくださった」

というふうに尊敬語を使う。その分、海苔やメンマやナルトに対

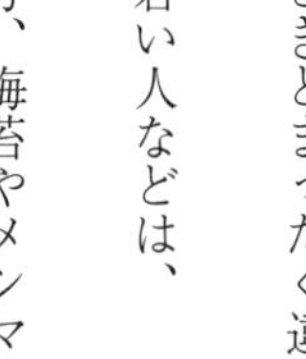

しては、

「おー、いたか」

と横柄になる。

チャーシューはラーメンの丼の中ではまちがいなくキャリアである。

いきなり本部長。

メンマが準キャリで、ナルト、モヤシ、ワカメ、ネギなどは明らかにノンキャリということになる。（❹❶）

チャーシュー

ビールなども出すラーメン屋では、チャーシューをおつまみとして出す。

ちっぽけな皿に、四、五枚のチャーシューが少しずつずらされて並んでいる。本部長が折り重なっているのだ。

先頭の本部長が転んで将棋倒しになっているのだ。

だからラーメン屋の厨房にいるときのチャーシューは、どこに配属されるか戦々恐々としているはずだ。

おつまみの皿にだけは配属されたくないと思っているはずだ。

(ち)

実際、ラーメンの丼の中で、あれほどゆったりとくつろいで、我が世の春を謳歌していたチャーシューとは思えない、なんとみすぼらしく、なんと貧寒としていることか。

全員板のように硬直し、全員緊張気味で表情も固い。

実際に口に入れても、ラーメンのツユの中にひたっていたときの、あのおいしいチャーシューとは思えないほど味気ない。

地位が人をつくるのだ。(41)

チャーシューメン

チャーシューメンは豊かさに満ちている。と同時に誇りに満ちている。

ラーメン屋のカウンターで三人の客がラーメンをすすっている。

そこへもう一人の客が入ってくる。

「チャーシューメン」

客はゆっくりと言い放つ。

一瞬、三人の手が止まる。

止まりはしたものの、三人は何事もなかったように再びラーメン

をすり始める。

チャーシューメンが出来あがり、客の前にトンと置かれる。

そのとき、ほとんどいっせいに、三人はチャーシューメンの丼を横目でチラと見る。

必ず見る。いつか必ず見る。

見たあと、三人は少しやるせないような態度になって再びラーメンにとりかかる。

一口、二口食べたあと、今度はそのチャーシューメン男の顔を横目でチラと見る。

必ず見る。いつか必ず見る。

どんな男だ？

見たあと、フーン、という顔になり、ナーンダ、という顔になり、ヤッパリナ、という顔になる。

ヤッパリナ、にラーメン男たちのいろんな思いが込められているのだ。

チャーシューメン男は、三人の〝チラ〟を十分意識している。意識して、ワリーナ、という表情で応える。もっと過激な男の場合は、ドーダ、あるいは、マイッタカ、と応じる。（㊱）

チャーハン

チャーハンというやつは、どうにもこうにも魅力的で、本当にどうしようもないやつだ。

なにが魅力的と言って、出来あがったばかりのチャーハンほど魅力的なものはない。

皿の上にコンモリと盛りあがったメシ粒の山が、ラードにまみれてピカピカに輝いている。

山の中のメシ粒の一粒一粒が、ピカピカに光っている。

このピカピカがいい。

〽いまの君はピカピカに光ってー

と、かつての宮崎美子のCMを、とりあえず心の中で歌うことになる。(㉛)

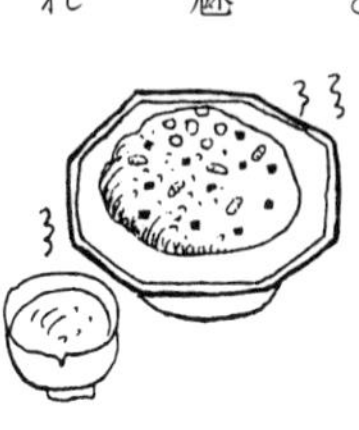

ⓒ チャーハン

メシ粒の一粒一粒にラードがコーティングされ、ほどよく火が通った香ばしさ。

脂を吸ったメシ粒ではなく、脂をまとったメシ粒。

チャーハンの要諦は、空中に放りあげることによって「すべてのメシ粒にジカ火を当てる」ことだそうだが、まさに、脂をまとったメシ粒がジカ火に当たって香ばしくなっている。

ジカ火が当たって香気が発生している。口に含むと、その香気が口の中の天井のあたりにたちこめる。

口の中で卵が元気だ。

ネギの遊撃。シイタケの堅塁。チャーシューの機動。そしてラードの統合。（㉛）

茶がゆ

ぼくらは眠い目をこすりながら、湯気の立つ茶がゆのフタを取った。

結論を申しあげる。

おいしくない。

茶がゆは、なぜか黄色い色をしており、かなり粘度のあるおかゆである。

サジですくって口に入れると、苦い抹茶の味だけで塩気はない。

お茶漬けはそれなりにゴハンに合うが、抹茶のこの苦さはゴハンに合わない。（⑭）

茶わん蒸し

いきなり茶わん蒸しから片づける、という人はあまりいない。

茶わん蒸しは、家庭で食べるということはめったにない。

ふだん、居酒屋で食べるということもない。

そういう意味では、珍しい存在だから、一応気にはなる。

気になりつつも、

「いずれそのうち折をみて」

と、左の目のはしにとどめておく。(㉘)

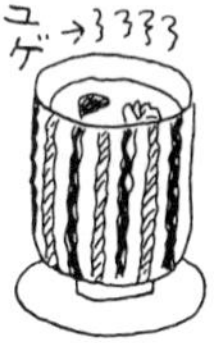

茶わん蒸し

茶わん蒸しは、内容物はわかっているのだが、その分布状況はまるきりわからない。

お吸いものなら、ウン、中身はミツバとエビと麩とキヌサヤと、ウン、これは白身魚のようだナ、ウン、それではとりあえずエビからいくか、というふうに、自分の意志で中身をすくいあげることができる。

茶わん蒸しは、それができない。

スプーンですくいあげて、初めて自分が鶏肉をすくいあげたことを知る。ギンナンをすくいあげたことを知る。

すくいあげたあとでも、中身は卵にまみれているから、たとえば百合根などは、これが何物であるのかわからない。

口に入れて初めて、百合根であったことを知る。

掘り当てる楽しみ。

掘り当てて確かめる楽しみ。

そういう意味では、海水浴場などの、宝さがしの楽しみに似ているところもある。

(28) 中華丼

中華丼はレンゲで食べる。

レンゲというのは肉厚だし、先端もとがってないし、このトロミかけめしをすくいあげるのに適していない。

〝しいたけとゴハン〟だけをすくいあげようとするのだが、そこに白菜の葉先が混ざりこんできて、それがレンゲからダラリとたれ下

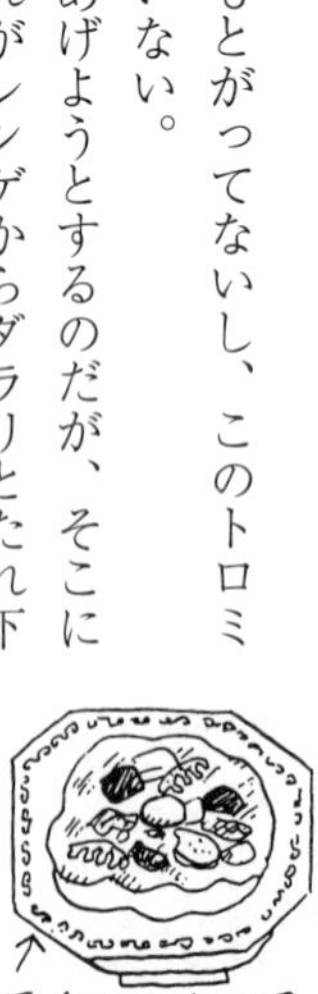

ち

がる。

〝肉とゴハン〟を取りあげようとするのに、そこに大きな筍が倒れこんできてレンゲにのっかる。

まるで、解体家屋の廃材をすくいあげているショベルカーの運転手のような心境だ。いっしょについてきたザーサイの一片を取りあげるのにも苦労する。どうしても〝レンゲで追いつめる〟というカタチになる。

最後の一口分のゴハンがなかなかすくいあげられない。これも〝追いつめる〟カタチになる。追いつめると相手は逃げる。(34)

朝食のバイキング

朝食のバイキングは、得体のしれないものが多い。

インゲンの油いためとか、ホーレン草の油いためとか、ソーセージの油いためとか、(いやに油いためが多いが)それから、キュウリを荒くきざんだのにサラダオイルをかけたのとか、ハルサメのサラダ風とか、わけのわからないものが多い。

あとはありきたりの、カマボコとか生タマゴとかシャケとかタクアンのコーナーが並ぶ。最後にリンゴが丸ごと並んでいたりする。

油いためが多いのは、前の晩の残りものを、なんでもいいからいためちゃえ、ということでいためて並べているせいかもしれない。（⑪）

チョコレート

人間というものは実にうまく出来ているもので、バレンタインデーが近づくと、どんな男の人でも、チョコレートと自分の関係が少しずつ濃くなっていくような気がしてくる。

つまり、（何かが起きる）、と思ってしまうわけですね。

そうなると、チョコレートに抱いていた印象も少しずつ変わってくる。

いまわしいものを見るような目付きで見ていた人も、チョコレートが好物だったような気がしてくる。

遠くへ押しやっていた人も、エート、たしか一枚あったはずだ、なんて言って、ヒキダシの中を探しはじめたりする。

世の中の男という男がソワソワしはじめるわけですね。（㉚）

つ

佃煮

佃煮は、最近あんまり人気がない。

佃煮はある時期、一世を風靡していた。佃煮がニッポンの食卓を仕切っていた時代があったのである。

食料が豊富でなかった時代、冷蔵庫がまだなかった時代、佃煮は人々にもてはやされた。

三度の食事の食卓には、毎回必ず、とっかえひっかえ、何らかの佃煮が載っていた。

（㉜）

佃煮

佃煮は、往年の名声は確かに失ったが、その実力は誰もが認めるところである。

少数で強力。これだけは誰にも負けない。

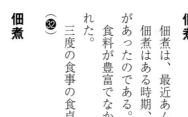

だから、いまでも、少なくはなったが働く場所はある。

駅弁などの弁当だ。

時代にもてはやされている主流のおかず達と少し離れた片隅に、切り昆布、キャラブキ、鰹の角煮などの佃煮たちがひっそりとひかえている。

彼らは、この食事に何か不測の事態が起こった場合にそなえて、片隅にひっそりと待機しているのである。

例えばおかずが足りなかった場合など、そういう万が一にそなえて、用意されているスタッフなのである。

つまり、万が一の場合の〝影の内閣〟として、生きのびているのである。(32)

つゆ

関東のつゆは、濃口醬油、砂糖、鰹節だけでつくる。

これに対し関西のつゆは、薄口醬油、砂糖、鰹節、昆布でつくり、これに塩を加える店が多いという。

関東のつゆは、うどんにからませて食べるつけ汁のような役割であるのに対し、関西のほうは、つゆが主役で、その主役のつゆの中にうどんがひたしてある、といったところだろうか。

どっちがおいしいか。

関西のほうがやや優勢、という立場をとるにやぶさかでない、とは言いきれない、わけではない、ような気がしないでもない。(㉖)

て

鉄火丼

マグロが別皿だったらのびのび食べられるのに……。

でもそれだと狭いながらも楽しい我が家のヨロコビが味わえない。

この二つの気持ちの板ばさみを味わうのが鉄火丼なのです。

さあ、その板ばさみのヨロコビを嚙みしめつつ鉄火丼を食べてみましょう。(㊴)

手羽焼き

脂をたっぷり下に敷いた厚めの皮のところ、薄めの皮のところ、厚めの肉のところ、骨にしがみついている肉のところ、焦げているところ、内奥で蒸し焼きになっている肉のところ、ぜーんぶ味がちがう。更に、〝かじりついて肉を骨から引きはがす楽しみ〟があり、大方食べてしまったあと、おや、ここんとこにまだ肉が、という〝捜索の楽しみ〟も味わうことができる。(㊱)

出前

出前は楽しい。

「出前をとる」ことが決まると、急に家中がパッと明るくなる。

日曜日の昼近く、なんとなく「出前でもとろうか」ということになり、急に衆議一決、「とる」ことになる。

とたんに家中がはなやぐ。(㉕)

天津甘栗

天津甘栗は、ポテトチップみたいに各自が袋に手を突っこんで一個ずつ取り出して食べたのではまるでおいしくない。

必ずぶちまけなければならない。

それも、皿などではなく、チラシの上にぶちまけなければならない。

〝天津甘栗はチラシの上〟と昔から決まっているのです。

新聞紙の上でもいいが、これだと少し味が落ちる。（㊴）

天丼

だいたい天丼は、丼物の中では上品な部類で、田園調布あたりからやってきた初老の婦人が、日本橋あたりの店で、「ちょっとお昼に」という感じで食べるものなのである。

しかも、「あたしとしたことが、こんな丼物など食べて、はしたない」と思いつつ食べるものなのである。（⓫）

天丼

天丼というものは、ゴハンの上に載ったエビと、ゴハンに沁《し》みこんだ甘じょっぱい汁と、その下のゴハンとが一体となって天丼が形成されており、これ全体がおかず付きの主食となっているわけだが、われわれにはその概念は通用しなかった。

なにしろ酒の肴の類が少なかったから、われわれはまず天丼の上層部を形成している二匹のエビを分離して、別の皿に盛り、これを「甘汁かけエビ天」と称する一品に仕立て、メニューの中に追加することをつねに忘れなかった。

上層部を失った天丼は、急に単なる汁かけライスの身分に転落し、うらぶれた姿となるのであった。

身分は転落してもまだ、おしんことという強い味方がひかえており、これの助けを借りればまだまだ充分な一品となりえたのである。（❸）

と

豆腐

日本人は、四角く切ってある豆腐を目の前にすると、

「これを崩したくない」

という呪縛から逃れられない。

豆腐というものはいつだって四角いものだ。できることなら四角い形のまま口に入れたい。

だから豆腐に対しては常に〝恐る恐る〟という姿勢になる。

味噌汁の中の四角い豆腐も、四角い形のまま口に入れたい。

味噌汁のお椀に口をつけ、恐る恐る箸で豆腐を口のほうに片寄せる。

口のところまで片寄せた豆腐を、四角いまま無事にスルリと口の中に入れると、なにがしかの勝利感のようなものを感じる。

口のところまで片寄せた豆腐が、口の中に入れようとしたとたん崩れると、なにがしかの無念感、あーあ感を感じる。（㊳）

豆腐

豆腐の魅力は歯ごたえのなさにある。

歯ごたえのなさが、魅力のすべてといってもいいかもしれない。

味のほうは説明がむずかしい。特においしい豆腐の説明がむずかしい。

よく「この豆腐はおいしい」とか「まずい」とかいうが、ではその違いを原稿用紙四枚で述べよ、といわれると大抵の人は困るはずだ。

いい豆腐は味が濃い、とか、豆の味がする、とか、堅い、とか、ぬめり感が強いとかいうが、豆腐通にいわせると、そういう豆腐は下等な豆腐だということになる。

おいしい豆腐は、もう何の味もせず、何の歯ごたえもなく、口中のわずかなすき間を水のごとくではなく、豆腐のごとく通過していくものだという。

こうなってくると、まるで禅問答だ。（㉕）

とうもろこし

とうもろこしの食べ方は、大別すると二通りある。

一つはとうもろこしの実を〝歯ではずす〟方法であり、もう一つは〝手ではずす〟方法である。

大勢は、〝歯派〟が占めており、〝手派〟は少数である。しかし、とうもろこしの誠実、好意に応えるには〝手派〟でなければならないとぼくは考える。

何のためにとうもろこしは、手間ひまかけてきちんと一列に並べてくれたのか。手ではずしやすくするためである。

歯でガガーッとけずり取るならば、何もきちんと並んでなくてもいいはずだ。それに手ではずしたほうが情緒もあるしドラマも生まれる。

手ではずすためには、まず一列の溝をつくらなくてはならない。この〝一列の溝づくり〟がなかなかむずかしい。(㉓)

とうもろこし

噛みしめると、まず皮の感触があり、その次に穀物とは思えない野菜のような甘味が味わえ、最後に中心部の白っぽい芯の、穀物としての味が残る。

一粒で三種類の味を味わうことができるのである。（㉓）

トースト

焼きあがったばかりのトーストって、幸せに満ちていると思いませんか。

まだバターもジャムもつけてないけれど、すでに幸せの予感にあふれている。

コンガリ狐色に焼けて、アツアツのカリカリで、だけど内部はフワフワのモコモコ。

押すと、よく干してふくれあがった布団のように押し返してくる。（㉙）

トースト

トーストというものは作ってもらって食べるより、自分で作ったほうがはるかにおいしい。

パンをトーストし、アッチッチなんて言いながら取り出し、カリカリ狐色に焼けた表面にバターを塗っていく。

心静かに、ゆるゆると、心のおもむくままに塗っていく。

こんなにもなめらかで、こんなにもゆるやかで、こんなにも思いのままにパンの表面を滑っていくものがほかにあるだろうか。

例えば、味噌だったらこんなになめらかに滑っていくだろうか。

この〝バターぬりぬり〟を楽しいと思うか、面倒くさいと思うかで、あとで食べるトーストのおいしさが大きく変わってくる。

バターを塗るとき、ひたすらバターの平均化、均一化を心がける人がいるが、むしろ乱雑に塗ったほうがいい。

ここんとこはやや薄めに、ここんとこは少し多め、〝バター豊富地帯〟にしておき、〝食べるときのお楽しみ地帯〟にしておく。

濃淡をつけておいたほうが、あとで味の変化が楽しめるわけだ。（㊶）

トースト

喫茶店などでトーストを注文して、うーんと厚いのが出てくると嬉しくありませんか。

ね、嬉しいでしょ。

堂々三センチぐらいのが堂々二枚。

それまでむずかしい商談でむずかしい顔になっていたのが急にほころびる。それまで難航していた商談も、そこのところから解決に向かう。

もし、そのトーストが一センチだったらどうなるか。

ヘナヘナ一センチがヘナヘナ二枚。

それまでむずかしい商談でむずかしい顔になっていたのが更に険しくなり、そこのところから商談は破局に向かう。

一センチのトーストが六枚出てきたとしても事態はそれほど変わらない。

薄いトーストは人の心をうそ寒くし、厚いトーストは人の心をわけもなく暖かくするものなのだ。なんたってトーストは厚切りが一番。(41)

ドーナツ

ドーナツをモクモクと嚙みしめていると何だか楽しい。

自然に笑みがこぼれる。

お茶づけはサラサラ。

センベイはバリバリ。

ドーナツはモクモク。

カステラなんかも、どちらかというとモクモクのクチだが、ドーナツのモクモクはカステラのモクモクと少しちがう。

楽しさがひと味ちがう。

なにしろドーナツはワッカですからね。ワッカが嬉しい。

ただの直方体とワッカじゃ勝負にならない。

なんというか、こう、遊戯性がある。オモチャ感覚がある。童話的である。(㉜)

トコロ天

トコロ天は、もともと〝突きたて〟を食べるものである。

突きたてのトコロ天には、磯の香りがある。潮の香りではなく、カニが這い、イソギンチャクが波に揺れる、岩場の磯の香りである。

磯の香りを固めたものがトコロ天なのである。(㉕)

トマト

最近のトマトはうまくない、という人が多いが、あれは小さく切ってしまうからだ。

小さく切ってドレッシングなどというヘンなものをかけたりするからだ。

トマトは丸ごと水道の水でよく洗ってシオをふりかけ、そのままガブリとかじりつく。

ふつうの大きさのトマトなら三口で食べるべきである。

こうすると、たとえハウス物のトマトでも、けっこう青くさく、日なたくさく、ほの甘く昔なつかしいトマトの味になるから不思議だ。ぜひ一度おためしください。

(⑬)

ドリアン

ドリアンの匂いは、基本的にはメロンの匂いである。

ただし、このメロンは、メロンの道を踏みはずしている。踏みはずして少しぐれたところがある。やや凶悪化した、と言ってもよい。

メロンがぐれたのがドリアンである。

人間もそうだが、少しぐれたほうが、そのあと立ち直ったとき、人間的な幅ができるし奥行きも深くなる。

メロンとバナナとマンゴーとパパイヤを少し腐らせ、チーズ臭を加え、そこに南国の花の香りを封じ込めた、というような匂いである。(㉚)

ドリアン

ドリアンは、あっちのほうにも効く、と言われている。あっちとはどっちか、と言われても困るが、少なくともこっちではないほうのあっちである。

とにかく体が元気になる。どういうふうに元気になるのか、と言われても困るが、体が部分的に元気になるようだ。(㉚)

鶏の唐揚げ

いまここに二十個の鶏の唐揚げがあります。

大皿に盛ってあります。

その一個一個をようく観察してください。

どうです、同じ形のものは一つとしてないでしょう。

ぜーんぶ違います。ことごとく違います。

たとえばチキンナゲットのほうを想像してみてください。

どうです、ぜーんぶ同じ形でしょう。

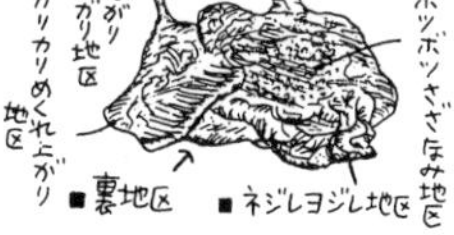

もう一度、鶏の唐揚げのほうを見てください。

わりにきちんと形がまとまってるの、カリッと揚がった皮が、カリッと揚がりすぎて少し剝がれてめくれ上がってるの。一部が細くとんがっていて、そこんとこがいかにもカリッとしていていかにも旨そうなの。肉の一部が極端に薄くなっていて、そこのところがねじれにねじれていて、その薄いねじれのところだけを嚙み取って食べたらどんなにか旨いだろうな、というの。小さな突起がやたらにあって、さざ波のようになっていて、そこのところだけ特に味が濃くて塩っぱそうで、そこんとこを嚙みしめてから冷たい生ビールをゴクリとやったらたまんないだろうな、というの。わりに大きな塊の、ずしっと下側になっていた部分で、色が少し白っぽくなっていて、ちょっと湿っていて、その湿り加減と柔らかさがこたえられないだろうな、というの。

こうした形の違いに更に大小の違いが加わって、もう千差万別、千変万化。百花繚乱、百人百様。(42)

鳥わさ

鳥わさというのは、鶏のササミを熱湯にくぐらせ、すぐに冷やし、一つのササミを五、六切れにナナメ切りにしただけのものだ。

これにミツバと海苔とワサビをのせ、上から醤油をかけて掻きまわして食べる。

魚の刺身は一切れずつ醤油をつけて食べるが、鳥わさに限って掻きまわして食べることになっている。

この鳥わさがおいしい。

水中にいたものの刺身ではなく、うん、明らかに陸にいたものの刺身だな、という味がする。

なにしろ鶏であるから、刺身ではあるが鶏肉の味がする。生の鶏の味がする。
肉に弾力がある。刺身なのに噛みしめる快感がある。
そこんところにミツバの香りが加わり、ミツバのシャキシャキが加わり、醤油に濡れそぼった海苔の小片がへばりついてきた日にゃ、自分は、もう、たまらんです。
そうして最後のところで、やや多めのワサビが鼻にツーンときた日にゃ、自分はもうどうしていいかわからんです。(42)

とろろ芋

とろろ芋は山芋の一種で、山芋は里の芋に対する呼び名だという。

まあ、里芋の親戚だから、少し里芋の味がする。

里芋と百合根がかけあわさったような味もある。

山の中で人気《ひとけ》がないことをいいことに、里芋と百合根の間に何かあったにちがいない。

この、山の中のものと、海の中の鰹と昆布がめぐりあって、まことにバランスのいい山海の味をかもしだしている。

そこに昔懐かしい麦が参加して、純日本の味、日本昔噺風の味となる。（30）

豚足

豚足の世界は奥が深い。

食べ物のようで食べ物じゃない。

中華のようで中華じゃない。

おかずのようでおかずじゃない。

つやつやと飴《あめ》色に光り、豚の足そのままの形の骨にしがみついている蠱惑《こわく》的なモチモチとした物体は、一見、肉のようで肉ではない。

脂のようで脂じゃない。（33）

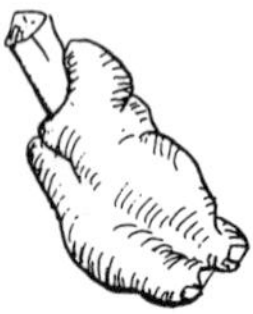

丼物

丼物すなわち、どんぶりもの、こう書くとなにかこう重厚、素朴、篤実、温《ぬく》もりといったものが感じられ、日本人の食物の心のふるさとといったものも感じられる。

また一方、その姿態、相貌には、頑迷、鈍重、偏屈、獰猛《どうもう》の気配もあり、いずれにしろ「ただ者ではない」食物であることはまちがいない。

丼物は、食物体系としては、そば屋目、店屋物科、ゴハン物属に属し、本来家庭で作って食べるものではない。

そのところが潔くてよい。

家庭を離れた孤影がある。

画然《かくぜん》と一線を引いているところがよい。

また一品勝負というところも堂々としていて気持ちがよい。

カツ丼ならカツだけ、天丼ならエビ天だけ、これだけで丼一杯のゴハンを終了させてしまうのである。またそれだけの実力を充分に兼ねそなえているといえる。（⑪）

な

ナス

「ナスはどうでしょう」

「得体のしれない奴だな」

「そうなんです。なかなか本心をうちあけないというか」

「地味なんだよね。それに暗い」

「彼はヌカと組むといい仕事します」

「あ、あれはいいね」

「味噌とひき肉の油いためなんてのもいいね」

「いいね」

「焼ナスなんてのもいいですね。ショウガ醤油で」

「米ナスっていうんですか、ナスの大きいの。あれを油で揚げてひき肉のせたやつ」

「いいね」

「味噌汁の実なんかにも」

「いいね」

「こうしてみると、印象と実力というのはずいぶんちがうもんだねえ」

「いや、彼自身には実力は何もないんです。ただ油と組むといい仕事をする」（⑮）

ナタ・デ・ココ

噛みしめると、歯と歯の間でグニャリとゆがみ、きしみ、歯にしがみついてきてつぶれる。

最初の「オヤ?」から、つぶれて液体と化すまでの間が短い。

最初の「オヤ?」のとき、「これは相当手間ヒマかかるぞ」と思わせておいて、アッというまに、つぶれて溶けてなくなる。

その引き際がいい。

メデタシ、メデタシ、というメデタシ感がある。

その感触は、硬いコンニャクのようであり、グミのようであり、イカ刺しのようであり、うんと硬いカンテンのようであり、求肥《ぎゅうひ》のようでもある。

思わず噛んでしまった頬の肉のようでもあり、思わず噛んでしまった唇のようでもある。

そういう意味の、シマッタ感もある。(㉜)

納豆

およそ一分、おとうさんは納豆をかきまわし続けたのち、箸を垂直に立て、スッと真上に引き抜く。

これぞ〝納豆道尊ネバ派糸抜きの秘術〟の極意である。(㉗)

納豆

納豆は、豆よりもあのネバネバを味わうものだと思う。

だからもし王様が、「納豆全体というわけにはいかぬ。豆かネバネバか、いずれか一つにせい」と言うならば、(言わないって)迷わず「ハッ。ネバネバのほうを」と申しあげるつもりでいる。

ネバネバをたくさん発生させるためには、醤油を入れる前にかきまわさなければならない。醤油を入れてからだと、ネバネバはそれ

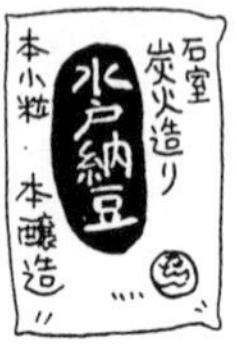

ほど発生しない。醤油を入れずに一分以上かきまわす。

醤油はいっぺんに注ぎこまず、少し入れてはかきまわし、また少し入れてはかきまわすということを数回繰り返す。

こうすると泡さえ立って驚くほどの量のネバネバが発生する。

こうなってから初めてネギとカラシを入れる。カラシは大量。

こうしておいて一分以上たってから食べる。ネギと納豆の豆に醤油がほどよく浸透する時間を与えるわけだ。

納豆だって少し静養の時間をもらわないと、攪拌《かくはん》につぐ攪拌で目が回り、本来の力を発揮できないにちがいない。(㉔)

夏みかん

酸味というものは、梅干しの例をまつまでもなく、人を身ぶるいさせるとともに一瞬の忘我に導く。

夏みかんの場合は、一フクロ、二フクロと忘我が連続する。

忘我は専念を招き、専念は熱中を呼ぶ。

忘我、専念、熱中。手はベタベタ、口のまわりもベタベタ。(㉜)

菜の花

菜の花は人の心をロマンチックにさせるものがある。

菜の花という文字を見ただけで心が暗くなった、いやーな気持ちになった、という人はいないと思う。

一輪だけの菜の花もけっして悪くない。

清楚、可憐、無垢、のどかでつつましく、物静かで質素。

こういうものは、どこか身近に置いておきたい、身近に飾っておきたいと思うものだ。

ところが日本人はこういうものを食べちゃうんですね。

茹でてお醬油をかけて食べちゃうんですね。

清楚、可憐に、お醬油をかけちゃうんですね。

大体、ああいう黄色くて可憐な花を見て、

「おいしそうだ」

と思った人はおかしいと思うな。（正解だったけどね）

「辛子醬油が合う」

なんて思いついた人もふつうの感覚の人じゃないな。（合うけどね）（㊷）

鍋物

鍋って、なぜか見つめてしまいますね。やたらに見つめる。なにかと見つめる。

煮立ってくるまでも見つめるが、煮立って食べ始めてからもなにかと見つめている。

やっぱり鍋には動きがあるからでしょうね。

鍋の中でなにかしら動いている。

フツフツ小さく煮立っているから、いまはフツフツ期だな、なんて思って見つめていると、突然、何かがブクッと大きく飛び上がったりする。

それがすごく面白いから見つめるというわけでもなく、あれ、一体なんでしょうね。

わけもなく見つめているひとときが鍋には必ずある。（㊷）

鍋物

鍋物を囲んでいる人たちは、すべてその鍋に重大な関心を持っているわけではない。

「なんか適当に煮えたものがあったら、適当にすくって適当に食べよう」という〃適当の人〟もいる。

「オレ、うどんだけ関心がある」という〝うどんの人〟もいる。

この〝うどんの人〟は、一刻も早くうどんが食べたく、材料の盛られた大皿を遠くからわざわざ引きよせ、大箸ですくって鍋に投入しようとしたとたん、奉行から厳しく制止されるのである。

〝うどんの人〟が面白かろうはずがない。〝うどんの人〟はたちまち不貞《ふて》くされて、以後、鍋への参加をかたくなに拒否するようになる。

何の考えもなく、シラタキを肉の横に投入しようとした人も、奉行の厳しいおとがめを受け、そのワケを聞かされて「ウルセー」と不貞くされる。

座がだんだん白けてくる。

奉行の人も、権力を行使したくてそうしているわけではなく、ただひたすら「おいしい鍋にしよう。おいしくしてみんなに食べてもらおう」という善意の人であるだけに、ことはやっかいである。

座を白けさせず、〝うどんの人〟や〝適当の人〟の沽券や体面を損ねることなく、しかし「いい鍋にしたい」という情熱を失わず、奉行職をまっとうするのは至難のわざといえる。

鍋一つとってみても、人の心というものは常にバラバラなものである。バラバラな人の心を一つの方向にもっていくのはむずかしい。

鍋物は一人で食べてもおいしくない。

大勢で囲まないとおいしくないものである。しかし大勢だと、決しておいしい鍋にはならない。ここが鍋のむずかしいところだ。（㉔）

鍋焼きうどん

鍋焼きうどんも、火からおろしたての土鍋が、焼けて赤くなっているぐらいのうちがおいしい。

鍋というより火種そのもので、その中に、グラグラと煮たっている天ぷら、麩《ふ》、うどんという獰猛三人組を、もう、ほとんどヤケド覚悟で、その熱さに半狂乱になりながら食べるところにそのおいしさがある。

吹いては食べ、食べては吹き、食べる時間より吹いている時間のほうが長いと言われている。（㉘）

鍋焼きうどん

鍋焼きうどんが、これ以上はない、というぐらい似合う食べ方があります。

まず、風邪をひいてください。

風邪をひいて寝込んでください。

そうして夕食どき、出前で鍋焼きうどんを取ってもらいましょう。

自家製でもいいのだが、これだと雰囲気がいまひとつ盛りあがらない。

そば屋の、あの古ぼけてハゲかかったあずき色の四角い盆、あれがどうしても必要なのだ。あのお盆が、寝こんだ枕元にあって、その上で、鍋焼きの鍋が湯気をあげている、そういう状況が欲しい。

そうしてですね、もうひとつ贅沢をいわせてもらえば、上にかける布団は夜着であって欲しい。かいまきともいう、袖《そで》のある布団、あれに寝ていて欲しい。

これで条件はすべて整った。

では、熱のある体で布団の上に起きあがってもらいましょう。

布団の上にあぐらをかき、夜着を肩からかける。鍋焼きを、ハゲお盆

枕元のなべやき

のままヒザの前に引き寄せ、うんと背中を丸めて熱いのをズズズズとすすりこむ。

隣室から家族の夕げの楽しげな会話が聞こえてくるなかで、一人寂しく鍋焼きうどんをすする。

これが、鍋焼きうどんの最も似つかわしい食べ方なのである。

全部は食べきれずに、カマボコ一切れ、鶏肉小片一、うどん三十七本、ツユ三分目ほど残してやめにし、「アラ、けっこう食べたじゃないの」なんて声を聞きながら、力なく布団にもぐりこんで大汗をかく、というぐらい、ややこしい手順と形式を必要とするものなのですね、鍋焼きうどんは。（㉔）

ナマズ

ナマズは、不思議なことに、料理の仕方によってはっきり味が変わる。

どんな味か。

その体形、容貌から、ウナギ的、アナゴ的な味を想像しがちだが、これがまるでちがう。

皿に並べられた刺し身は、色が白く、ヒラメの薄造りにそっくりで、これをポン酢で食べる。

いくぶんコキコキした歯ざわりがあり、ヒラメに似て、カワハギに似て、コチに似て、ウム、これは意外に淡泊、と思いつつ飲みこむと、飲みこんだあと、舌の上にじんわりと脂の味が残る。

この、脂のあと味がまことによろしい。銀ダラ風の、ああいう脂ではなく、海ではなく川で培《つちか》った脂肪、というか、つまり〝淡泊な脂肪〟なのです。

うん、そう、〝川で育てたヒラメのエンガワ〟。

ところが、これをフライにすると、そうした味わいが急に消えうせ、〝学生食堂のフライ定食のフライ〟的味わいになってしまう。

ところが、これを吸い物にすると、急に、ハモとウナギとアナゴの三者合併的な味になる。

バター焼きは、「ヒラメのムニエルです」と言われて出されれば、「そうか」とうなずくよりほかはなく、洗いは、「鯉の洗いです」と言われれば、「そう思うよりほかはあるまい」と思うよりほかはなく、西京焼きは、「甘鯛です」と言われれば、「そう思うにやぶさかでない」と肯定せざるをえない。

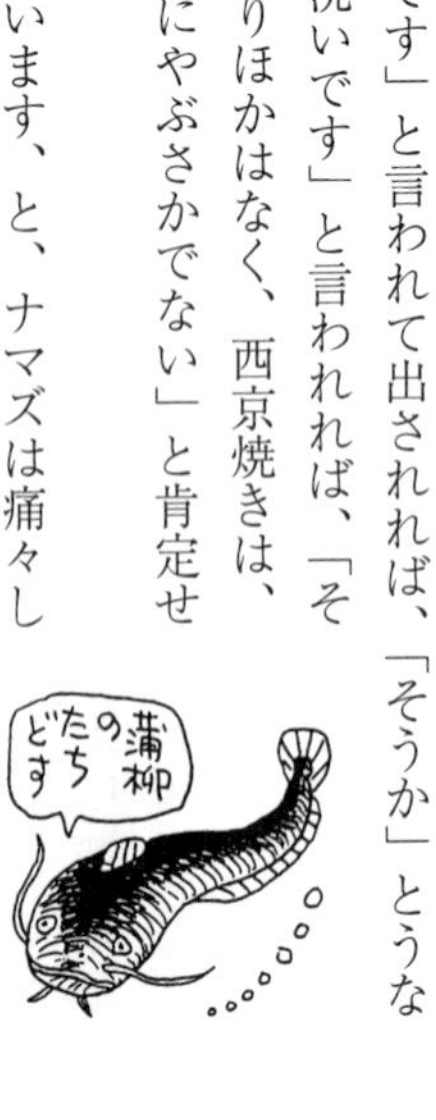

千変万化、いかようにも取りはからいます、と、ナマズは痛々し

いほど気をつかってくれているようなのだ。

あんな顔をしていて、あれでなかなか気をつかう性格のようなのだ。（㉗）

生卵

このことを人に言うと馬鹿にされるので、これまでひた隠しにしてきたのだが、この際、思いきって言ってしまうと、ぼくは〝世の中で一番おいしいものを一つだけ挙げろ〟と言われたら迷わず「生卵」と答える人間なのである。

この世で〝醬油を二、三滴たらした生卵〟以上においしいものはない。

ホーラ、馬鹿にしたでしょう。

生卵はあまりに身近で、あまりに安価なために、人々は生卵のおいしさに気づかないだけなのだ。

フォアグラもキャビアも、スッポンもフグも、生卵のおいしさにはかなわないのだ。

ホーラ、また馬鹿にしたでしょう。

いいんだオレは。本当にそう思っているんだから。

生卵を食べるたびに、〝鶏はどうやって自分でこういう味付けをしたのか〟と不思議でならないほどおいしい。（㉔）

並

並の人は必ずこういう言い方をする。「並で」「いい」という言い方をする。「オレは並だ！」と力強く言いきっている人をぼくはこれまで見たことがない。

並の人は、「並でいいや」と言ったあと、急に敗北感のようなものに襲われるらしく、力なくうなだれるものである。（㉔）

ナルト

ナルトは麺類のシンボルであった。

麺類の家紋であった。

羽織に家紋がなければならないように、麺類にはナルトがなければならぬ。

ちょっと前までは、蕎麦屋のほとんどのタネものにナルトが入っていた。

キツネうどんの三角の油揚げの横に赤いナルト。

月見そばの黄色い卵の横のナルト。

天ぷらそばの海老天の横のナルト。

鍋焼きうどんの、多彩な具の中でひときわ目立つ赤いうず巻き。

画竜点睛。麺上ナルト睛。

そばやうどんの上に、赤いうず巻きのナルトが一枚あると、確かに画面がひきしまる。

そして妙に気持ちが落ち着く。（㉛）

に

肉

肉の塊というものは、わけもなく人を感動させる。

葉書よりひとまわり小さめのその肉塊は、総面積八千八百平方ミリメートル（推定）、標高四十三ミリメートル。

絶海の孤島の、切りたった絶壁のような切断面が美しい。

肉の厚さというものも、わけもなく人を感動させる。

青少年を見ると、人は「青少年よすこやかであれ」と願うように、肉を見ると、人は「肉よ厚くあれ」と願う。（㉞）

肉じゃが

大きくも、小さくもない器の中に、角が取れてホクホクと煮あがったじゃがいもが三つ。そこに寄り添うように豚肉あるいは牛肉の小片が見え隠れし、その両者をとりなすように玉ねぎが身をひそめている。

めしのおかずにはならず、かといって箸休めというには大物過ぎ、うん、そう〝箸休め界の巨頭〟という表現が適切かもしれない。（㉞）

肉じゃが

知らない居酒屋に入って、メニューをずうっと見ていって、「まぐろ刺し」とか「いかそうめん」とか「馬刺し」とかがあって、その横にさり気なく「肉じゃが」なんてのがあると、なんとなくホッとすることってありませんか。

「おう、居てくれたか」

と、都会のジャングルの中で、ふと同郷の友に会ったような安心感を覚える。

「とりあえずこれを〝抑え〟にして」

と、すっかり安心して、次に〝先発〟と〝中継ぎ〟を考えることになる。(34)

肉団子

懐かしいなあ肉団子。

憧れだったなあ肉団子。

その昔、肉団子は高嶺の花だった。

八宝菜、酢豚、かに玉と共に、はるか高く遠く仰ぎ見る存在だった。

高校生のころ、町の中華料理店のショーウインドーでこれら四天王を見つめながら、

「ぼくはたぶん、これら四天王を一度も食べることのない人生を送るんだろうなあ」

と気弱くたたずんでいたものだった。

あれから幾星霜《いくせいそう》、どうもなんだか肉団子の地位が怪しくなってきた。

町の中華料理店などでは、八宝菜、酢豚、かに玉はかろうじて残

っているが、肉団子がメニューにある店は極めて少ない。（㊶）

肉マン

肉マンの命は、その熱さにある。

湯気を盛んにあげて、少し湿って、しなっとなっているところが、いかにもおいしそうに見える。

カチカチに冷えきって、いかにも硬そうにひび割れている肉マンは、まずそうに見えるばかりでなく、憎らしくさえ思える。

ときには敵意を感じることさえある。

肉マンは、買った瞬間が一番熱い。

あとは、刻一刻と冷えていくだけだ。

買って歩き出した瞬間から、そのことが気になってしかたがない。

だから、肉マンを買った人は、どうしても歩き方が速くなる。

少しずつ速度が速くなっていって、ついには駆け出す人もいる。

夕暮れどきなどで、まわりに人影がなかったりすると、つい袋に手を突っこんで一個取り出し、歩きながら頬ばる人もいる。（㉘）

㋥

肉マン

もし肉マンが、一口サイズの大きさで、ポイと口に放りこんで食べるものだったとしたら、今日の隆盛はなかったにちがいない。

少し手に余るような大きさ。体格のよさ。そして幾分の厄介感。

そのような量感に頼もしさを感じつつ、そこのところへ思わずかぶりつく魅力。

かぶりついたときの、フワフワ、パフパフしたパフ感がいい。

思わず、アチチ、とつぶやくアチ感もいい。肉マン深奥部からもれてくる、湿って熱い湯気の湯気感もいい。

かぶりつかないで、いきなり二つに割って食べる人がいるが、あれはよくない。

肉マンの熱は内部にこもっているわけだから、熱の逃げ口の開口部は小さいほどよい。二つに割ったら、熱はいっぺんに逃げてしまうではないか。㉘

ニシンそば

わたくしは、生まれて初めて、まじまじとニシンそばというものを見たわけでありますが、丼の幅いっぱいに大きなニシンが横たわっていて、ニシンのまん中へんに、幅三センチほどのそばが掛け渡してある。

　これがどうもなんだか気にかかる。

　そういえば、なんかの雑誌のそば特集で見かけたニシンそばは、みなこのようにそばが掛け渡してあった。

　それにですね、ニシンそばというものは、丼の中でニシンがあまりに堂々としすぎておる。違和感がある。

　マーコノー、なじんでおらんのですな、ニシンがそば全体と。

　たとえば天ぷらそばの場合は、エビの天ぷらがそばとツユによくなじんでおる。任地によくなじんでいる。

　エビ天のコロモのスソのほうが、ツユにひたって温かそうで、ツユとそばがエビ天を歓迎している気持ちがこちらにも伝わってくる。

　エビ天側にも、任地となじもうという気持ちがある。だから、丼全体がなごやかなんですね。

　それにくらべてニシンそばのほうは、ニシンが出向先とうまくいってない雰囲気がある。どうも丼の中の空気が冷たい。そしてくらい。

　ニシンのほうも、出向先とうまくやっていこうという気持ちがない。

少しも大物じゃないのに、自分は大物だと思っている。

そこにいろいろと問題があるわけですな。

自分はこんなところに出向する器《うつわ》じゃない、というのがどうしても態度に出ている。

出向先のほうも、みんなでいじめて追い返した、ということになるのはあとあとまずいので、一応、ひきとめるというカタチを取りたい。

それが、ニシンのまん中に掛け渡した三センチ幅のそばである。

こう見たわけですな、わたしは。

引き返そうとするニシンに、二、三人のそばがおおいかぶさって引きとめている。

形式的にそういうカタチをとっておく。（㉞）

煮豆

デパ地下で六種類の煮豆を購入してきてひととおり食べてみてわかったことだが、一口に煮豆といっても、みなそれぞれに味が違う。

うぐいす豆はどこか遠いところに夏の匂いがあり、お多福豆には、〝お菓子になりたかった空豆の味〟がし、黒豆には〝本籍地は穀物です〟という味が残っている。

煮豆を一粒一粒食べていて、もうひとつ面白いことを発見した。

それは「われわれ日本人は煮豆に対して謙虚である」ということです。

それは「一口一粒主義」に最もよくあらわれているように思う。

お多福豆や花豆などの大粒のものは、一口に一粒はあたりまえだが、われわれは黒豆やうぐいす豆などの小さい粒の豆に対しても一口一粒主義で臨む。

けっして一口に二粒放りこんだりしない。

一粒をきちんと初めから終わりまで味わう。

黒豆やうぐいす豆の一粒の口内容積はあまりに小さい。

一口にこの容積ではふつう満足しないはずだ。

羊羹をこの容積で味わうことはまずない。

なのに、煮豆に限ってはこの大きさで充分なのだ。

わたくしが思うに、たぶん、〝豆の人格〟を尊重しているんだと思うんですがね。

㊷ ニンジン

「次はニンジンいってみますか」

「派手だね」

(に)


「目立つね」

「やたらにあちこちで見かけるね」

「どんな仕事してるの?」

「エート。エート……。何してるんだろ」

「よく考えてみたら仕事してないねえ」

「目立つんだけどねえ」

「ステーキのつけ合わせとか……」

「煮物の中に入ったりしてる程度だなあ」

「そのわりに目立つねえ」

「改めて見直してみたら、ほとんど何もしてないということがわかった」

「それなのに、〝能書き〟はうるさいです」

「それ、わたしも聞きました。ビタミンAだとかカロチンだとか」

「〝ハロー効果〟っていうんですか。それを心得てる」(⓯)

ぬ

ヌタ

ヌタは人気のあるメニューではない。

だが根強いファンがいる。

根強いファンがいるのだが、年々、メニューにヌタを加えている店は減ってきている。

だからヌタ好きは、あちこち飲み歩いて〝ヌタのある店〟を探すことになる。

ヌタのある店というのは、いかにも〝ヌタのありそうな店〟で、クラめで地味でひかえめで、鼻が低くて、エ？　頭ですか？　ええ薄いです、性格ですか？　ちょっと意固地で偏屈で、というようなおやじが店をとりしきっている。

こういう店でヌタ好きの客がヌタで酒を飲む。

店の隅のクラい席で、クラくヌタヌタと酒を飲む。（㊴）

ね

ネギ

「次はネギです」

「なんかこう、パッとしないね」

「自分では何もできないです」

「ホラ、よくこう、焼鳥の間にはさまってるじゃないか」

「あの程度ですね」

「社内でもあまり見かけないね」

「けっこう出歩いてはいるようですよ。ぼくは立ち食いそば屋でよく会いますけど」

「社員食堂で、よく納豆といいちゃついてるとか」(⑮)

ネギ

ネギは、筒切りとナナメ切りでは、はっきり味がちがう。

筒切りのほうが、いかにもネギらしい、ネギ本来の味わいになる。

筒切りの姿で味噌汁の中に浮いているときが、ネギの一番心のやすまるときなのかもしれない。

ふと隣を見れば、それが豆腐のときもあればワカメのときもある。

油揚げのときもあればジャガイモのときもあろう。

しかしそれは、ネギにとってなんの関係もないことだ。

何かを期待されることもなく、ただなんとなく、味噌汁の中に浮いているだけだ。

ホームランを三十本打ってくれ、とか、打率三割たのむ、とか、打つほうは目をつぶるが守備のほうをひとつしっかりたのむ、とか、そういう世界とは無縁なのだ。

〝空気のような存在〟という言葉があるように、〝ネギのような存在〟という言葉があってもいい。(㉗)

ネコ缶

まったりと練り合わされた舌びらめとエビのハーモニーは絶妙で、香りにも密度と力があり……というのは冗談だが、味付けが薄いという点を除けば、確かに舌びらめとエビの味がし、そのハーモニーもわるくない。醬油で味付けすれば、十分酒の肴《さかな》に

なる。（㉓）

の

海苔

海苔はいろいろなところに使われている。

センベイにはりついたり、盛りそばの上にのせられたり、海苔弁に敷かれたり、ラーメンの汁の上を泳がせられたりする。

それらの仕事は、どうしても海苔本来の仕事とは思えない。

〝出向仕事〟という気がする。

それに比べ、太巻を巻き込んでいるときの海苔は、なんと生き生きとしていることか。

ともすれば展開しようとするメシや具たちをしっかりと懐に抱きこみ、少し緊張し、張りとツヤを見せて渋く光っているところなんぞは、まさに天職と言うことができる。

「巻いてこそ花」という家訓が、海苔一族には代々伝わっているそうだ。（㉘）

海苔

パリッと
と
シナッと。

これが海苔の二大方向。

コンビニのおにぎりも、海苔別封のパリッとと、じか巻きのシナッと。

それぞれにおいしいが、〝熱いゴハンに海苔〟の場合はパリッとのおいしさ。

海苔にショウユをビダッとつけて（チョビッとではいやなんです）、熱ーいゴハンに巻いて口に入れれば、口の中は海苔の香りとショウユの香りと熱ーいゴハンの湯気の香り。

海苔とショウユとゴハンの法悦。

ハグハグ　ホグホグ　アフアフ。

たまらんのォー。（㊸）

のり弁

のり弁はフタを開けたときの匂いがいい。のりと米と醤油という、ニッポンそのもののの匂い。物悲しいような、貧困と欠乏の、しかし旺盛な食欲と健康の匂い。（㉔）

ノリ弁とシャケ弁

ノリ弁とシャケ弁には、幕の内などとちがって、盛りつけ、区分け、仕切り、といった概念は導入されない。

ここでは、すべてが折り重なり、重複し混じりあっている。

ノリ弁は、ゴハンの上におかかが載り、その上にノリが載り、さらにその上にフライとチクワ天が載っかっている。

従って、これらの下のゴハンは、おかかとノリとフライとチクワ天の油の味のしみた、えもいわれぬ複合の美味となっている。

シャケ弁では、シャケの下のゴハンは、シャケの皮の脂と塩気が、フタの圧力によってよくしみこんでいる。これが旨《うま》い。（㉖）

は

バイキング

バイキングの魅力は〝放題〟の魅力である。食べ放題、飲み放題……人々は放題に弱い。放題と聞いただけでゾクゾクしてきて、冷静でいられなくなる。(㉓)

ハクサイ

「ハクサイにいきますか」
「大物だな」
「堂々としてますね」
「なんかこう、好感がもてるね」
「飾らず、大向こうを狙わず、てらわず、無心だね」
「欲がない」
「いやにみなさん好感をお持ちですが、仕事はしてませんよ」

「いいんだよ、彼は仕事せんでも」

「ほとんど何もしてません。ハクサイのおしんこ、これ一本です」

「いいじゃないか、それ一本で」

「あとは鍋物にちょっと加わったりしますが」

「いいじゃないか、そんな小さな仕事はどうでも」

「彼のねえ、おしんこをねえ、こう吐く息が白いような冬の朝にねえ、熱いゴハンに巻いてほんのちょっとお醤油つけてハフハフッて食べるとおいしいんだ、これが」

「わたしはどちらかというと、芯のとこが好きですが」

「ウン、あれはゴハンより、お酒のときね。いかにも野菜の芽らしい堅さと甘さがあって」

「身の厚いところもサクサクして……」

「いいねえ」

「仕事してないんですけどねえ」

「あれだけで充分。あれだけで大仕事」(⑮)

白菜のお新香

白菜のお新香は寒くなるにつれてどんどんおいしくなる。

外には北風がビュービュー吹いていて、地面には霜が降り、手が寒さでかじかむぐらいになると、白菜のお新香はがぜんおいしくなる。

白菜のお新香もタクアンも、こういう厳しい外の空気に触れさせておくとだんだんやる気を出してくるようだ。（㊵）

白菜のお新香

白菜のおいしさは、大別すると根元の肉厚の白いところと、葉先の緑色のところに分けられる。

根元のほうは、それだけをサクサク食べる。

ゴハンには葉先が合う。葉先のところを一、二枚まとめて取りあげ、お醤油を少しつけ、熱々のゴハンの上に丁寧にひろげ、お箸でもってその両端を押さえて沈みこませ、のり巻きのようにクルリと巻いて口に入れる。

最初冷たく、すぐに熱く、次にしょっぱく、やがて白菜とゴハンの甘味になる。（㉔）

馬刺し

馬肉の特徴は、何といってもその軟らかさにある。筋ばったところや、歯に引っかかるものが何もない。ただひたすら軟らかい。鶏のササミのようであり、牛刺しの脂のないところのようであり、マグロの赤身のようであり鯨のようでもある。

不思議なことに〝陸〟の香りがない。では海の香りかというとこれもない。生姜醤油で食べるのだが、ねっとりと軟らかく、味わっていると舌にまとわりついて、自分の舌か馬刺しの肉かときどきわからなくなる。

そしてノド越しが何ともいえず特に軟らかい。

さっぱりしていて、牛刺しのように、だんだんしつこく感じられてきてイヤになるということがない。いくらでも食べられる。丼に山盛りいっぱいぐらいは、軽くいけそうな気がする。（㉓）

は

蜂蜜

蜜は花の甘露
蜂はグルグル花の中
花と蜂の平和（㊸）

バナナ

わたしはね、あーたのやることなすこと、気に入りませんね。
見ていてイライラする。
何でも相手の言いなり。
皮ひとつとってみてもそれは言えるんだよね。
果物の皮ってものはね、剝かれるときみんな抵抗すんの。
リンゴだって柿だって梨だってみんな抵抗すんの。
剝かれまいと抵抗すんの。
手とか爪とかでは絶対に剝けないでしょうが。
だって果物の皮の役割ってそういうことだもんね。

中心にある種を守るために、皮はあるわけなんだから。

リンゴも柿も梨も、とりあえず刃物がないと剝けない。

刃物で剝いても、途中で千切れたりしてあくまで抵抗するわけなの。

それなのにあーたは何だい。

上のほうをツメでつまんで引っぱると、もうそれだけでスルスルッと下まで、アッというまに剝けちゃう。

なんだかもう、待ってましたって感じで剝けちゃう。（㉑）

パフェ

パフェは楽しい。

見ているだけでも楽しい。

こんなにも華やかで、色とりどりで、盛りだくさんで、メルヘンチックな食べ物がほかにあるだろうか。

揺るぎなく構築されたタテの配色美。

冷たく積み重ねられた色の地層。

レストランなどの店頭のサンプルケースには、カレー、スパゲテ

イ、ハンバーグ、ステーキなどの暗色系の食べ物が多く並んでいる。
その奥に、ひときわ派手で、ひときわ華やかなパフェたちが立ち並んでいて、そこだけ突然の雛壇のような、そこだけ突然の宝塚の舞台のような、別の空間をつくりあげている。

色とりどりのお姫様たち。華やかな衣裳を身にまとった夢のような王女様たち。おじさんといえども、ついうっとりと見つめてしまうことになる。㊲

パフェ

パフェを食べていると、なんだか片づけものをしているような気になる。

この部分を片づけたら次はそっち側を片づけ、その片づけが済んだらその下の片づけと、上からきちんきちんと片づけていく。ときどき手を休めては一番下の白い層のところを見つめ、

「いずれ、あそこに行くんだなあ」

と、なんだか嬉しく、またいそいそとホジリ始める。

特にこれといった目的もなく、なんとなくホジって口に入れたものの中になにやら固形物があり、ナニカ？　とおそるおそる噛みしめてみるとこれがバナナで、ナンダ、

バナナか、と思うものの、少し嬉しかったりするのもパフェの魅力の一つである。

一つ一つ片づけてはいるものの、パイナップルに溶けかかったアイスクリームがくっつき、そのアイスクリームにシロップが混じり、というふうにいろんなものが混じりあった複合の味を味わえるのもパフェならではだ。

すべて冷たいはずのパフェの中で、突然出くわす生クリームの妙な生温かさは、なんだか場違いのような、いやこれでいいような、しかしなんだかヘンなような、何回食べてもいつもそういう気持ちになる。

パフェは最後が寂しい。

生前華やかだっただけによけい寂しい。底に残ったドロドロをスプーンで未練がましく何回もすくったりする。(37)

ハムエッグ

もともとハムエッグは、ハムと卵を組み合わせて熱を加えただけのものだ。

ハムそのものも実に平凡な素材だし、卵に至っては平凡そのものだ。

だが、その二つを組み合わせ、熱を加えたとたん魅力的な食べ物に変貌する。

ぼくなんか、ハムエッグを目の前にするといまでも胸がドキドキしますね。

なぜハムエッグは胸がときめくのか。

まず「ドレドレ」がある。

ドレドレ、ハムのねじれ具合はどうか、ドレドレ、ハムの脂んとこの反り返り具合はどうか、ドレドレ、卵の黄身のツヤツヤ具合はどうか、ドレドレ、白身の裾のクレーター状態はどうか。その具合と状態が自分の好みとピッタリかどうか。これを知ろうとして「ドキドレ」が誘発されるのだ。

それから、ハムと卵のレイアウト、これも確認しておきたい。

ぼくの好みはこうです。

丸くて白い皿の左側に、ハムがタテに少しずらされて二枚、その右側に目玉焼きがやはりタテに少しずらされて二枚。

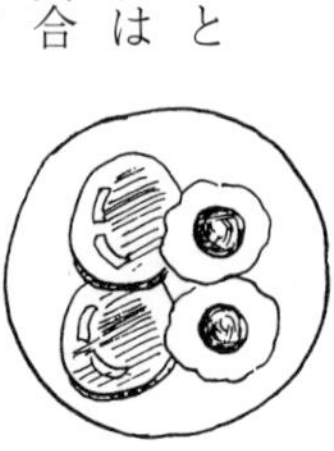

そしてここんとこがぼくにとって非常に大切なところなのであるが、〝二枚の目玉焼きの左はじが、二枚のハムの右はじに少しおおいかぶさって〟いなければならない。
つまり、目玉焼きとハムが、ほんの少し接触していてくれないと困る。
手をつないでいるというのかな、決して仲は悪くありませんよ、という証《あかし》が欲しい。
(39)

ハムカツ

ハムカツというのは、名称はハムカツだが、実際はソーセージ、という店が多い。これは非難していってるのではなく、ハムよりソーセージのほうがはるかにおいしいのである。ソーセージは、油を吸わせて熱を加えると一段とおいしくなる。これにコロモがついてトンカツソースが加わると一層おいしくなる。

ハムカツは、何となく、まがい物という見方をされている。

本来なら、豚肉であるべきところに、予算の関係でハムなんかで間に合わせて、ヤーイ、ヤーイ、といったような認識のされ方をしているが、ハムカツもおいしい店のは本当においしい。（㉓）

ハムカツ

コロモがサクッ。その中のソーセージがサクッ。どこを食べてもサクッ。

薄い全域が均質にサクッ。

この〝薄い全域均質サク感〟がハムカツの味わいだ。

本来ならば〝サクサク感〟と書くところだがハムカツはあまりに薄い。ソーセージの厚さ二ミリと言いたいところだが実際は二ミリもない。コロモの厚さもソーセージの厚さと同じだから、全部を合計した厚さが六ミリ弱。だからサクサクではなく、サクで噛み切れてしまう。このあっけなさがウマい。全域同じ厚さがウマい。トンカツやコロッケのように、ある部分は厚く、ある部分は薄いということがない。

㊵ 春巻

春巻はその大きさが嬉しい。

一個がでかい。異常にでかい。

大抵の人はその〝異常性〟に気がついていないが、あの大きさは普通じゃありません。明らかに異常です。

シュウマイやギョウザと比べてごらんなさい。肉ダンゴと比べてごらんなさい。ね、その異常な大きさにやっと気がついたでしょ。

中華料理屋なんかであれこれ食べていて、途中で春巻が出てくる

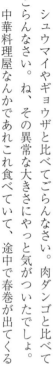

と、大きいというだけでみんな喜ぶ。（㊷）

春巻

「春巻ってのはさ、シャクシャク、最初に嚙んだとき、皮が少し凹んでメリメリって折れて破れるんだよね、シャクシャク、皮が割れるっていうより〝折れる〟って感じなんだよね、シャクシャク、こういう感じの皮って、あんまりねーんだよな、シャクシャク」

お、なんだかあんまり品のよくない人のようですね、シャクシャク。

「さようでございますわね。それでもって、メリメリのあと、急に〝グチャ〟がくるわけでございますわね。メリの次がグチャ。春雨とかシイタケとかタケノコとか豚肉の千切りのグチャ。わざとグチャッとするように片栗粉を溶いて入れてあるからよけいグチャ」

と、おっしゃったのは、その品のあまりよくない人の隣のご婦人。

「よく考えてあんだよね、メリのあとにグチャ。そのグチャが少し甘くて醤油の味がしてグチャグチャして、その組み合わせがうめーんだよな」（㊷）

パン

女の人はパンに敏感だ。

男の人はパンに鈍感だ。

女の人は、おいしいパン屋と、おいしくないパン屋をすぐに嗅ぎ分ける。

男の人の中には、

「エ？　パンに、おいしいパンとおいしくないパンがあるの？」

なんて恐ろしいことを言う人もいる。オジサンである。（43）

ハンバーグ

そうなのだ、われわれはハンバーグに向かいあうとき、何かにまみれたいと願っているのだ。

子供のとき、われわれはよく泥遊びをした。

ドロにまみれるのは快感だった。

まみれればまみれるほど楽しかった。

人間には何かにまみれたいという本能があるのだ。

何かにまみれたい。

何かで汚れたい。

そうなのだ、ハンバーグステーキは〝お口の中の泥遊び〟なのだ。(39)

ハンペン

ハンペンは孤独である。

ハンペンはなぜ孤独か。

ハンペンの悲劇は、その白い裸身にある。白く生まれついた悲劇。

ハンペンをようく見てみよう。

ハンペンの裸身は、雪のように輝くばかりに白く、柔らかく、そして傷つきやすい。清らかで、美しく、端然として気品に満ちている。

初めてハンペンを見る人は、これが食品か、と疑うほど清らかである。

さつま揚げには気の毒だが、いっしょに並べてみれば、その品位の差は悲しいまでに明らかだ。

ハンペンは、白い裸身に合ったそうした清らかな世界で生きていく

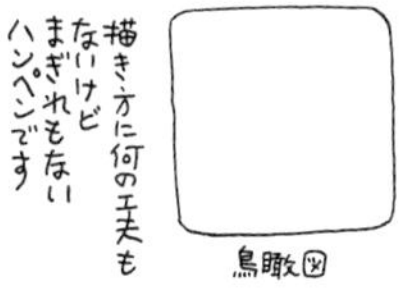

べきであった。

なのに、彼の生きていく世界はおでんである。

おでん以外に生きていく世界はない。（おすましの世界もあるけどね）

ハンペンが、その清らかな白い裸身を、茶色く濁ったおでんのツユにズブズブと沈めていくときの気持ち……。

そうしてたちまちのうちにおでん色に染まっていくときの気持ち……。

それまでの純白の裸身には何の意味もなく、おでん色に染まって初めてその価値が生まれるという運命の皮肉。（㊵）

ひ

ビアホール

ビアホールにわれわれは何を求めて行くのだろうか。

「決まってまんがな。ビールを飲みに行くんでんがな」

と人は言うにちがいない。

はたしてそうか。

人はビアホールに〝ヘンになりに〟行くのだ。ビアホールに行ってヘンになりたいのだ。

ビアホールに行ってごらんなさい。

あそこで、まっ赤になってワイワイガヤガヤやってる人はみんなヘンだから。みんな、わけわかんなくなっているんだから。

人は「ビアホールに生ビールを飲みに行く」と言うけれど、生ビールをおいしいと思って飲むのは最初の一杯だけだ。だったら、最初の一杯だけ、グーッと飲んですぐに帰ってくればいい。

なのに、だれもそうしない。

そこからあと、ワイワイガヤガヤ、気分壮快、侃侃諤諤《かんかんがくがく》、甲論乙駁《こうろんおつばく》、波乱万丈、狂乱怒濤、理路不整然、音信不通といったような、わけのわからない状態になる。(㉝)

ピーナッツ

ピーナッツは食べているうちにはずみがついてくる。次第に熱中、没頭、興奮してきて、なにかしらこう、狂おしいような気持ちになっていくものである。

一粒口に入れ、それがまだ口の中にあるのに、手はすでに次の一粒を無意識につかんでおり、それを口の中にせわしなく放りこむと、また手が次の一粒をつかんでいる。

その速度も次第に速くなっていき、口の咀嚼《そしゃく》速度より手の動きのほうが速くなり、口の中にはピーナッツがどんどんたまる。かくてはならじと、咀嚼速度を速めると、手の動きもそれにつられて速くなり、互いに競争みたいなことになって、視線はいつのまにか中空を漂い、アゴはあがり、必死の様相を呈してくる。(㉓)

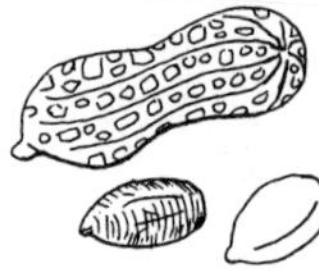

ビール

こんなことをいうと笑われるのは覚悟の上でいうのだけれど、ぼくは世の中でビールぐらいうまいものはないと思っている。

人間が口の中に入れるものは食物と飲物だが、これをひっくるめて、一番おいしいのはビールである、といいたい。

カラカラに渇いたノドに放りこむビール、これ以上おいしいものが世の中にあるか！　といいたい。（❹）

ビール

渇ききったノドに放りこむビールは本当にうまい。

これが生《なま》であればさらに申し分ない。

夏の暑い日、大汗かいたあとで、ノドを思いきり拡げて冷たい生ビールを注ぎ込む。

ノドが渇ききっているときは、冷たいビールが、口の中全体で吸収されていくような気がする。

舌からも、歯ぐきからも、頬の内側からもビールが吸収されていくような気がする。

ゴクゴクゴクと、ノドぼとけを上下させながらビールを体の中に流し込ませる。

ノドをチクチクと刺激しながら、ビールが体の中に流れ込んでいく。

口の中にほろ苦いホップの香りがあふれ、それが鼻腔のほうへ抜けてゆく。（❹）

ピザ

「シェーキーズ」に一人で行って、Sサイズのピザを食べていて、つくづく思いました。

ピザはやっぱりLサイズに限る、と。

それから、ピザは一人で食べるものではない、と。

大勢で、取り合って食べるものだ、と。

Lサイズのピザを、大勢で取り合い、円形のあちこちが、少しずつ欠けていくところが楽しい。

あちこち欠けた図柄が、なんだか嬉しい。

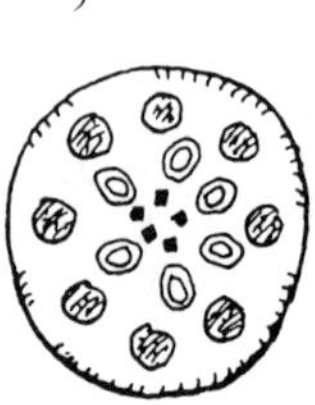

ピザは切り方がいいかげんだから、幅の広いの、狭いの、大小様々になる。

幅の広いのを食べながら、(次は、あそこの幅の狭いのいくか) なんて考えるのが楽しい。

(次は、右端の、サラミが二枚載ってるのいくか) なんて計略をめぐらせながら食べると、ピザはよりいっそうおいしくなる。

最初の一片を取りあげるときは、いろいろ駆け引きがあって、最初は誰でも、さり気なく幅の広いのを狙う。

だから、あちこち、不規則に欠けることになる。（31）

ビスケット

ビスケットは、封を切ったときの香ばしい香りがなんともいえずいい。

それから、五個とか十個とか、整然と肩を揃えて並んでいるのもいい。

同じ形、同じ大きさで、肩を揃えてなんだか緊張している感じもいい。

香ばしい香りに包まれながら、先頭の一枚をつまみ出す。実際には粉なんかついてないのに、手に粉がつくような、そういう〝粉ざわり〟がある。

実際には簡単に崩れたりはしないのに、なんだかすぐほろりと崩れそうで、最初の一枚はつい労《いたわ》るようにつまみだす。歯に当てたとたん、オヤ、意外に硬いぞという感覚があって、次の瞬間、待ってましたとばかりにホロリと崩れる。

触れなば落ちん、嚙みなば崩れんの風情。

それまで、肩を揃えてきちんと整列し、崩れてはならぬ、崩れてはならぬと、そのことばかり考えて緊張した生活を送っていたビスケットが、

「エ？　いいの？」

とばかりに一挙に崩れる。

ビスケットの本心は、一刻も早く崩れたかったのだ。（㊳）

雛あられ

雛あられです。

いま、ぼくの目の前にあるのは、「藤庄」という広島の会社製の袋入りの雛あられ、一〇〇グラムです。

パステルカラー調のピンクと黄色と白の三色の小さな粒々が袋の中にいっぱい！

まー、なんてキレイ、なんてメルヘンチック、半分お菓子、半分オモチャ。ジャパニーズ・ポップコーン。（㊷）

ビフカツ

「ビフカツはうみゃーてかんわ」

牛肉というものはあまり火を通すわけにいかず、ミディアムレア風なので確かにグニャリとしている。その分を、細かくて薄くてかなり硬めのコロモがおおいかぶさって全体をキリリと引きしめている。

そして、このコロモが、なぜか肉にしっかりしがみついていて離れない。まずコロモのパキ感があって、次に肉のグニャ感がきて、このパキグニャが口の中でまことにうまい具合に混じり合う。そこんとこにソースとカラシがからむ。

なんといっても肉そのもののおいしさは、豚より牛が勝る。

噛みしめていてしみじみそう思う。(㊲)

冷やし中華

冷やし中華はあまり上品に食べないほうがいい。少し乱暴に、下品にガツガツ食べたほうが、冷やし中華の食べ方として上品である。(㉓)

冷やし中華

麺の上にのせる具は、基本的には、キュウリ、ハム、うす焼き卵、ベニショウガ……、高級品になっていくに従って、蒸しどり、クラゲ、チャーシューの細切り、しいたけ、エビ、カニなども参加してくる。これらの具は、すべて他の料理からの流用である。

ラーメンのチャーシュー、メンマは、いちおう譜代ではあるが、強力な家臣である。

冷やし中華のほうは、外様ともいえない流れ者の寄せ集め部隊である。

冷やし中華のためには死も惜しまぬ、という奴は一人もいない。

ここのところが、冷やし中華の哀れなところだ。

そして、麺の底に、ひっそりと暗く沈んでいる液体、あれもわけがわからない。

スープなのかタレなのか、ツユなのかシルなのか、名称さえいまだに定かでない。

㉓ ビュッフェ方式

不思議なもので、フライドポテトのような安いものを取るときは冷静なのに、ローストビーフ、メロンに生ハムなんてことになると動揺する。動揺して取り落とす人も多い。気恥ずかしさが、他のものより倍増する。

考えてみれば、自分の食べ物を自分の皿に取りわける行為は、なんら恥ずべき行為ではない。恥ずべき点など一点もないはずである。

なのに、しかし恥ずかしい。

あれはどうしてなのだろうか。

人々は、食べ物を取りわけたあと急にコソコソした感じになって人ごみの中に隠れる。

立派な紳士といえども、エサを盗んだネズミのように逃げ帰るのである。（㉔）

ビワ

ビワは地味で魅力もとぼしい。

サクランボのようにうんと甘いわけでもなく、かといって酸っぱいという路線でもないし、渋いですという方向でもない。

万事控え目でこれといった自己主張がない。

万事控え目のはずのビワだが、自慢の種が一つだけある。種が大きい、というのが自慢の種だ。（㊵）

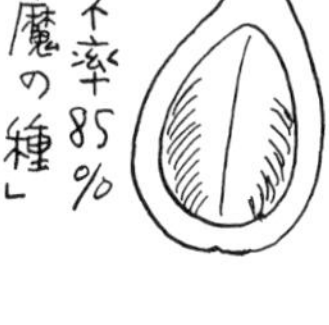

ビン詰め

ビン詰めはかわいい。

イカ塩から、ウニ、なめ茸《たけ》、海苔の佃煮、酒盗といった、大小さまざまのビン詰め群を眺めていると、つくづくそう思う。

背の高いの、低いの、太め、細め、色とりどりのビン詰めたちは、さながらおかずのオモチャといった感じがある。

見ていて楽しい。そして好もしい。（㉕）

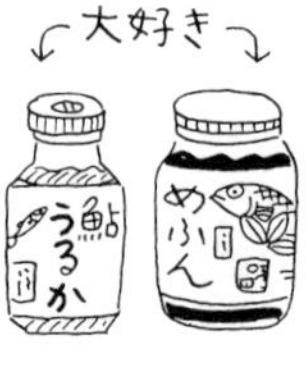

瓶ビール

瓶ビールは、胴の部分があって、その先端が少しずつ細くなっていて、やがて出口に至る。

瓶ビールを手に持った人は、〈瓶を傾けると、瓶の中のビールが、少しずつこの先端のほうに集まってきて、ここんとこから順序よく出ていくんだよね〉という認識を持つ。

そして事態は、まさにその認識どおりに進行する。ビールを注《そそ》ぐ人は、そこのところに安心する。

中身のビールのほうはどうか。

中身のビールのほうも、瓶の中で上を見上げては、〈われわれはいずれ、あそこのところから順序よく出ていくんだよね〉という諒解があり、自分たちの未来図というものがよくわかり、そこのとこ

ろに安心が生まれる。

ビール自身の安心と、注ぎ手の安心とが、双方の相互理解を生む。

理解は愛情を生み、愛情は安定を得ようとし、安定は伝統として継承される。

こうして、瓶とビールと人間は、堅いきずなで結ばれ、安定して良好な関係を長い間保ってきた。（㉘）

ふ

麩《ふ》

麩は大した芸を持っているわけではない。

麩の芸はたった一つ、〝ツユものにひたってビロビロになる〟というものだ。

大した芸ではないが、これ一つで食っていける。（㊴）

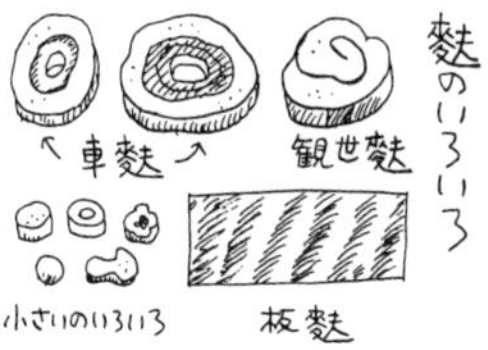

フカヒレスープ

フカヒレスープ来る。

大きめの中華皿にヒタヒタ一杯。レンゲですくって十杯というところか。

全体がアメ色で、その中央に白くて長いモヤシが十四本。ヒレはカドのある太めタイプではなく、しっとりと細い春雨タイプ。中央を箸で持ちあげると突っぱる力はなく、両端がたれ下がるが、口に入れると見た目よりしっかりとしたトロトロではない歯ごたえがある。

スープの味は濃厚というよりサラリとした感じかな、と思うまもなくジワジワと、何か一つこれだという味ではない中華系の様々なダシの味が口の中に広がってくる。スープの表面に膜は張らないが、食べ終わったあと上唇と下唇がはりつく。ウーム。うっとり。(㊱)

フグ

フグというものは、もともと毒の部分を少し残していただく（食う）ところに価値があるのだそうだ。

肝などの毒で、口の周りをしびらせながらいただく（食う）とこ
ろにフグのダイゴミがあるのだという。
死なない程度にどのぐらい毒を残すか、そこのところが昔のフグ
職人の腕のみせどころだったそうだ。（⑱）

福神漬け

福神漬けの中身は、大根、茄子《なす》、蕪《かぶ》、瓜《うり》、紫蘇《しそ》、蓮根、鉈豆《なたまめ》の七種類ということに
決まっているそうだ。
誰が決めたかというと、野田清《せい》右《え》衛門《もん》という人が決めたのだ。
野田清右衛門は福神漬けを考案した人だ。野菜七種より成り立っていることから七
福神にあやかって福神漬けという名前になったと言われている。
われわれは、ふだん福神漬けを食べているとき、口の中の一つ一
つを、
「いま噛んだのは大根だナ」
「いま噛んだのは瓜だナ」
とか、そういうことを何となく感じながら味わっているものだ。

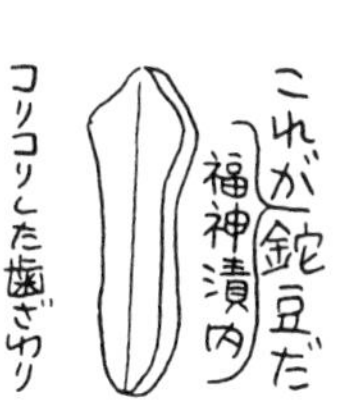

こまかく嚙み分けている、という意味ではなく、大まかに感じながら食べている。

そういう中で、どうも何だか、歯ざわりが違うもの、嚙み心地が素直でないものが一つだけある。

嚙んではいけないものを嚙んでしまったような、たとえば、メンマのうんと硬い節のところを嚙んでしまったような、異質の嚙み心地のものに出くわす。

それが鉈豆である。（32）

豚汁《ぶたじる》

豚汁は最初の一口がしみじみおいしい。

しみじみ幸せを感じる。

わりに軽い気持ちで一口めをすすった人も、すすったとたん、急にすわり直して腰をすえる感じになる。

豚汁に真剣に取り組もう、という気持ちになる。

そのぐらいの感動が豚汁にはある。

熱くてモウモウと湯気の立つお椀の中は実だくさん。

大根、人参、里芋、ごぼう、じゃが芋、コンニャク、玉ねぎなどの小片が椀の中でひしめきあって色とりどり。

まみれあって満員御礼の盛況。

実と実のすきまのところどころに、豚の脂がキラキラ光った味噌汁が顔をのぞかせている。

何と言っても、豚汁は実だくさんというところがうれしい。

超過密というところが頼もしい。（㉙）

豚汁

豚汁の実は、食べるとき、ひとつひとつチェックされる。

豆腐とワカメの味噌汁などの場合は、とくに実の点検は受けず、みんないっしょにズルズルっと吸いこまれてしまう。だが豚汁はちがう。

ひとつひとつ、ウム、これは人参だナ、里芋だナ、大根だナ、というボディーチェックを受ける。

小さな豚の脂も、ボディーチェックを受けてから口の中に入れられる。（㉙）

豚肉生姜焼き

豚肉生姜焼きは、なぜこれほど急速に、外食低層階級の寵児となったのであろうか。それには「生姜」の二文字の影響を見逃すことはできない。

さらに、「定食」の二文字の参加も不可欠の要素であった。

ただ単に「豚焼き肉」だけでは、決してこのような時代の寵児にはならなかったはずである。

「豚焼き肉」では、何の魅力も感じられない。「豚焼き肉定食」でも同様である。しかしここに、生姜の二文字を挿入してみよう。

「豚肉生姜焼き定食」……。

見よ、周辺一帯は突然光り輝き、希望にあふれ、魅力に満ちたものとなったではないか。

生姜という文字が持つ付加価値の力は大きい。(㉗)

ブドウ

昨今、果物界にも西洋思想が普及してきて、「西洋人はブドウのタネを飲みこむ」

とかで、ブドウのタネは飲みこんでよろしいということになってきたらしい。

しかし、われわれのように人生の大半を、「タネ飲みこまず」という方針でやってきた人間はそうはいかない。タネ飲みこみにはかなりの抵抗がある。

ブドウを一粒、口に入れたとたん、もう舌の先はタネを追尾しはじめている。

いくら「いいんだ。大丈夫なんだ」と言いきかせてもダメである。

タネ飲みこみ大丈夫、西洋人、タネノミコム、ダイジョブ、日本人、タネノミコマナイ、ソレ、オカシイ、と、いくら説得しても、舌の先は承知してくれない。

タネ吐き出し方式は、舌の先に実に複雑な働きを要求する。

口の中に入ったブドウは、まず舌の上にのせられ、それからホオズキをふくらますように前歯のところに押しつけられて身柄を確保される。

そうしておいて、舌の先が、タネ追求を開始する。

舌の先でタネを追尾し、さぐりあて、舌の先にのせ、そのまま突きあげて上アゴのところにその身柄を拘束する。

そうしてタネを確保しておいて、その間に、実と汁を後方に逃がし、味わい、飲みこむ。しかるのちにタネを解放して口外に追放する、という、器用な日本人ならではの、口中アクロバットが、口の

中で展開されるのである。

西洋人がタネを吐き出さないのは、実は、この口中アクロバットができないからなのだ。(㉕)

ブドウ狩り

ブドウ狩りの楽しさは、ブドウ独特のたわわ感を味わうことにある。

目の高さのブドウの房の下に左手をあてがい、右手のハサミで房のつけ根を切る。左手にボッテリとブドウの房が落ちてきて、その重みをやわやわと受けとめたときの、あの喜びは一体何だろう。

このとき、誰の顔にも笑みがこぼれる。

手のひらに、一粒一粒の感触と、全体の感触とが同時にあり、一粒一粒の重みと、全体の重みもまた同時にある。

これがいい。

わが子のようにかわいい。(㉕)

ぶどうパン

食パンの一片をじっと見つめていても楽しいことは一つもない。

白くて、四角くて、その周辺に茶色いふち取り。実用一点張りの食事用のパン。

フーン、という感想しか浮かんでこない。

ま、パンはおもちゃじゃないんだから、見て楽しいとか、楽しくないとかいう言い方がヘンなのかもしれない。

ところがこの白くて四角くて茶色いふち取りの中に、レーズンを散らしてみましょう。

パンの中から、モグラたたきのモグラのように、大小のレーズンが顔をのぞかせたり引っこめたりしている。

ホーラ、茶色いふち取りの中は急に楽しくなったではありませんか。

ただの住宅用の更地だったところが、急に楽しい遊園地になった。

ワーイ、と誰もが思わず手をたたいて歓声をあげるはずだ。

フーン、から、ワーイ、へ。

食事用のパンだったものが、急に菓子パンに近くなる。

菓子パンに近くはなるが、食事用のパンとしてギリギリのところで踏みとどまっているのがぶどうパンなのだ。（㊴）

太巻

太巻は、あくまで慎重にカジラなければならない。

力ずくではなく、個別に、一つ一つ相手の事情を斟酌《しんしゃく》し、訴えを聞きわけながら、納得ずくでカジリとっていかなければならない。

オボロにはオボロの事情があり、キュウリにはキュウリの事情がある。

そして海苔には海苔の事情がある。

太巻の海苔には大人の風格がある。

内部のにぎやかな団欒には加わらず、一人、外側でその団欒を温かく保護し見守っている。（㉘）

舟盛り

舟盛りと鍋物は、公共性がつよいという点ではよく似ている。

鍋物も、各自が鍋から中身を取って食べる。

しかし鍋物のときは、人々は舟盛りのときほどおずおずしない。もっと堂々としている。

鍋の周辺も陽気で活気がある。

鍋奉行などというものが出てきて座を取りしきっても、誰も文句は言わない。

舟盛りのほうに舟奉行が出てきたらどういうことになるか。

舟奉行が、アワビにおどおどと手を出した人に「そのアワビ待て」と言ったらどういうことになるか。

ただちに舟盛りはひっくり返され、あたり一面刺し身の海となり、醬油の雨が降ること必定である。

このように、全員が、おずおず、ちびちびと舟盛りを攻略していったにもかかわらず、宴終わってみると、高価格ものはきちんと姿を消し、低価格ものはきちんと残っているというのが、現今の宴会の舟盛り事情である。(㉖)

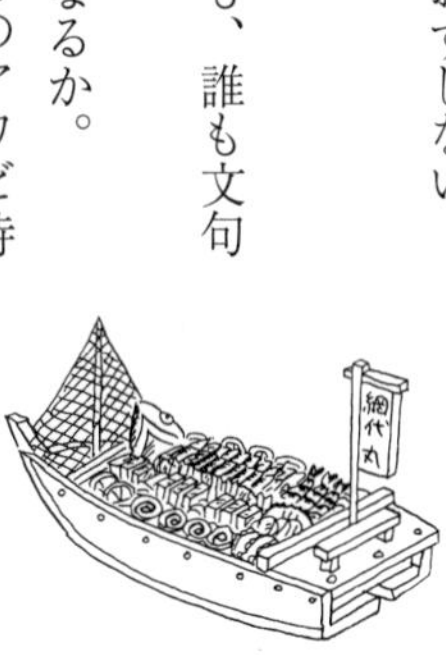

ふ

ふりかけ

ここに茶わん一杯の白いゴハンがある。そこに、小サジ一杯のふりかけをふりかけてみよう。

見よ。名もないただの白いゴハンが、ふりかけをふりかけたとたん、瞬間的に色とりどりの味つけゴハンに変貌したではないか。一切の調理というものを経ずして、〝瞬間的〟に変わる、というところに、ふりかけの言いしれぬ実力をみることができる。(㉗)

ふりかけ

おかずを、その食べ方で分類すると次のようになる。

たとえば刺し身、納豆、塩からなどは、一口のゴハンの上にのせて食べる。すなわち「のっけ」である。

海苔の佃煮は、ゴハンになすりつけて食べるから「なすりつけ」ということになる。

生卵は「あびせかけ」。味つけ海苔は、巻いて食べるから「巻きこみ」。

白菜のおしんこも巻いて食べるが、下側のところを箸でちょっとひねるから「下手ひねり」。

生タラコは、ゴハンにまぶすから「まぶし」。

ギョウザやシュウマイは、大きすぎてゴハンの上にはのらないので、まずひとかじりして、あとからゴハンが追いかけるから「追っかけ」である。

ふりかけはゴハンにふりかけるから「ふりかけ」。

整理してみると、「のっけ」「なすりつけ」「あびせかけ」「巻きこみ」「下手ひねり」「まぶし」「追っかけ」「ふりかけ」ということになる。

この中で、行為そのものが商品名となっているのは「ふりかけ」だけである。

ふってかけるからふりかけ……なんというい加減なネーミングであろうか。(27)

鰤《ぶり》大根

鰤の味がしみこんだ大根は、曰《いわ》く言いがたいほどウマい。

大根の味がしみこんだ鰤も、得も言われぬウマい味になる。

しみこんだ、というより、お互いに〝のり移った〟味になる。

大根といっしょに煮た鰤はもはや鰤とはいえないものになっている。

鰤といっしょに煮た大根はもはや大根とはいえないものになっている。

では何になったのかというと、ブリダイコンが入り混じったブダンイリコというものになっているのだ。

あるいはインブコリダというものになっているのだ。

鰤大根の味の最大の特徴は、〝お互いの味が平等にのり移っている〟というところにある。（㊷）

鰤のアラ

鰤は数多ある魚の中でも高級魚に属する。
一尾数万、というのさえあるという。
エライんだかんな、ということで鰤は浮かれていたわけです。
そうしたら首をちょん切られてしまったわけです。
アレレ？　と思うまもなく、首のほうは急にアラというものになってしまった。
胴体のほうは依然としてエライけど、頭のほうはちっともエラクないんだかんな、
と言われてしまったわけです。
アラというのは、魚屋さんの店のはじっこのほうで、一山いくら、
なんてことで売られているやつです。
ついさっきまでエラかった頭は急に行き場を失った。
急に落ちぶれてしまったわけです。

そりゃあもう、大変な落胆ぶりだったと思いますよ。（㊷）

へ

ヘチマ

ヘチマは、ウリもしくはキュウリの味に似ており、この味噌煮は実に素朴な田舎の味で、食べる人をしてシミジミした気持ちにさせるものがある。

ぼくもこれをおかずにしてミソにまみれたゴハンを食べているうちに、急にシミジミした気持ちになっていき、朝からの勇壮活発の気分が少しずつ鎮静していくようすであった。

ヘチマには、血の道とか興奮とか逆上とかを静める作用があるのかもしれない。

（⑩）

ほ

弁当

駅弁に限らず、弁当というものはすべて、平屋一戸建てでなければならない。ゴハンとおかずは地続きでなくてはならない。

ゴハンとおかずが別々だとよそよそしい感じがする。

ゴハンとおかずが仲たがいして別居した、という気もする。

いずれにしても何かこう、ひんやりしたものを感じさせる。

パッとひろげて全容が一目瞭然、一望のもとにすべてが見渡せる、というのが弁当のよさである。（㉔）

ポークソテー

豚肉は牛肉に比べ、確かに肉としての旨味に欠ける。

だが、硬くみっしりひきしまった豚のロース肉を、アグアグアグアグアグ噛みしめていると、いかにも肉に齧《かじ》りついているという思いがしてくる。

自分が肉食動物になって、いま骨から毟《むし》り取った肉を、いまこうして噛みしめているのだ、という気がしてくる。

牛のステーキのほうは、食べタレの馬鹿タレが、一つ覚えのように言う、

「とってもやわらかーい」

ということで勝負しているのに対し、ポークソテーは〝みっしりのお肉〟で勝負しているのだ。

しかし、いまの風潮は〝みっしり〟を敬遠する。

あくまで「やわらかーい」でなければならないのだ。そこのところがポークソテーは口惜しい。

豚肉生姜焼きの肉は、肉と脂がくっついた部分が、熱で大きく起き上がってやがてねじれるが、ポークソテーは厚みがあるため大き

く起き上がれない。

ほんのちょっと起き上がってそこでとどまっている。

踏んばったけどそこまでなのだ。

その、ほんのちょっとの起き上がりから、ポークソテーの無念が伝わってくる。

(39)

干し芋

干し芋をゆっくりゆっくりゆっくり嚙みしめていると、咀嚼という言葉の意味がゆっくりゆっくりわかってくる。

自然の甘味というものはこういうものだ、ということもゆっくりゆっくりわかってくる。

さつま芋が土の中にいて、どこでどう工面してきたのか、土の中でこさえた甘味が口の中で柔らかく甘い。

最近はスーパーやコンビニなどで買ってきた菓子類ばかり食べているせいか、干し芋の味がなんとも素朴に感じられる。

素朴も素朴、大素朴、とにかくさつま芋を茹でて切って干しただ

け。

こういうものだけを毎日毎日食べていけば、やがて体も素朴になっていき、ぼく自身も素朴を取り戻していくことができるかもしれない。（40）

干し柿

干し柿は悲しい。

見ていてつらい。

なんでまたこんな姿にされてしまったのか。

干からびて、しわしわで、いびつで、なんだかうす汚れて疲れきっている。木になっていたころの、あの、みずみずしく張りつめ、ピカピカ光っていた生前の姿を知っているだけに、

「一体だれがこんな姿に」

と、つくづくつらい。

その変貌ぶりは、

「おまえ、本当にあのころの、あの当人なのか。別人じゃないのか」

と、干し柿の肩を両手で揺すって問いただしたくなる。（39）

ホットドッグ

ホットドッグは、食べている間中、次の手順、散乱の収拾、崩落の防止などで頭が一杯で他のことは一切考えられない。

のみならず、瞬時もホットドッグから目を離すことができない。

常に水平維持も心がけねばならない。

ちょっとでも傾くと、崩落が始まる。

こんな危険な食品は、他にないのではなかろうか。

ホットドッグを食べるとき、いつも、

（今日こそは終始冷静に、沈着にこのものを食べ終えよう）

と思うのだが、途中から次第に気持ちが荒《すさ》み絶望的になっていってしまう。

食べ進んでいくうちに、口唇にはケチャップが付着し、玉ネギ細片なども付着するが、それを拭《ぬぐ》う気力も途中から消えうせ、そのままガブリとかぶりつくと、カラシの濃かったところが口に入り、目には涙があふれ、手はべとつき、玉ネギは更に崩落し、ケチャップも流出し、ズボンは汚れ、次第に狂おしいような気持ちになっていく。

まことにホットドッグは恐ろしい食べ物である。（⑪）

ポップコーン

ポップコーンは食べていて空しい。

食べても食べても空しい。

嚙み心地というものもない。

クシューというか、ヘニャーというか、嚙んでいても、嚙んだような嚙まないような、向こうが勝手につぶれたような、どうにも釈然としない。

味もあるようなないような、まるで空気の塊を食べているようだ。

食べても食べても合点がいかぬ。

そういう点では、冷静に食べられる食べ物の筆頭ということができる。（㊵）

ポテトサラダ

ポテトサラダは一度だって注目を浴びたことがない。

どんな料理に出て来ても、

「居て当然」

と見られている。

ポテトサラダ（以下ポテサラ）はいろんな料理に出てくる。つけ合わせとして出てくる。

エビフライのつけ合わせ、カキフライのつけ合わせ、クリームコロッケのつけ合わせとしてよく出てくる。

それから洋食弁当の一品、お子様ランチの一品、ハムサラダなどの一品として出てくる。

言ってみれば、常に主役を引き立てる助っ人として、いろんな料理に馳せ参じているのだ。

そういう気働きがあり、自己を主張しない気のいい奴なのだ。（40）

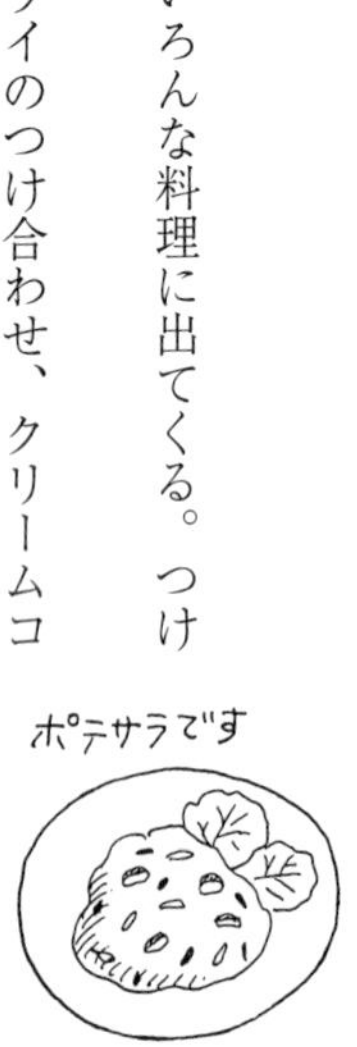

ポテトサラダ

ポテサラの身上は清涼である。

冷たくて柔らかくて程よく歯にくずれるジャガイモ。その合間合間にキュウリのシャキシャキ。玉ネギのショリショリ。そこんところへ、ほの甘いニンジンのナヨナヨ。

その全体を包括するマヨネーズの味。（40）

ポテトチップ

ポテトチップに熱中している人は、見ていて可笑《おか》しい。

ポテトチップは熱中を誘う。

最初はそうでもないのだが、食べているうちにだんだん熱中してくる。

目がすわってくる人もいるようだ。（33）

ポテトチップ

ポテトチップは食べているうちに加速度がつく。

口の中に一枚あるうちに、手はすでに袋の中に突っこまれて次の一枚をつかんでいる。

口の中の一枚が咀嚼《そしゃく》された瞬間、間髪を入れず次の一枚が放りこまれ、間髪を入れず、手は次の一枚をつかんでいる。

この速度がどんどん早くなっていく。（33）

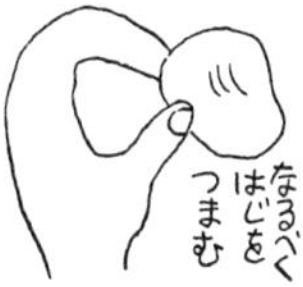

ポン酢

ポン酢ぐらい便利なものはない。

ポン酢さえあれば何でも食べられる。

白菜を茹でただけでも、ポン酢につけて食べるとおいしい。生野菜にかければ、たちまちサラダになる。（㊸）

ま

マカロニグラタン

マカロニグラタンがモウモウと湯気をあげながらテーブルに運ばれてくると、誰もが「キタ、キタ」と身構える。両腕の両わきをしめて、思わずコブシをグッと握りしめる人もいる。

マカロニグラタンの「キタキタ感」は大きいのだ。

上から眺めると、黒く焦げたところと、褐色に焦げたところと、白いままのところとがあって、それぞれの部位はそれぞれに味がちがう。

同じ材料に熱が加わっただけなのに、その加わり具合で味がちがう。

上に張っている少し焦げた皮をはがし、焦げてない白いソースをまぶして食べる。これがウマい。(35)

マカロニサラダ

マカロニサラダは必ずフォークで食べてください。フォークで突き刺して食べる。特に狙いを定めずとも、とにかくフォークを突き刺せば、必ず二本ないし三本のマカロニが刺さってくる。ときには四本も刺さってくることもある。

これが嬉しい。魚をモリで突いているようで楽しい。川でヤマメなんかをモリで突いてもこうは刺さってこない。マカロニは、刺せば必ず刺さってくる。もう、ほとんど〝入れ食い状態〟だ。

これが楽しくないはずはない。

しかも、マカロニは輪なので、上側と下側の二か所、フォークの歯にしっかりと刺

さっているから抜け落ちたりすることはない。この〝しっかり感〟が、また嬉しい。（㉟）

幕の内弁当

フタをされた幕の内弁当は、黒く平たく、どちらかというと少し陰気なただの箱である。

しかし、ひとたびフタを取ると、突如そこに、目にも綾《あや》な、食の絢爛が目の前に展開する。

それは、緞帳のあがった歌舞伎の舞台に似ている。（㉔）

幕の内弁当

幕の内弁当には、日本人的な考えがたくさん取り入れられている。

内部を田の字型や波型に区切るのは、旅館などの、杉の間、百合の間などの発想ではないだろうか。

各部屋は、個室主義ではなく、相部屋、もしくは同居、というカタチをとっている。

エビ、タコ、タイなどの海族の中に、ウシ、トリなどの陸族が同居している。

人間のほうは同居でよく揉めるが、彼らが同居で揉めたという話はあまり聞かない。

それから四民平等の思想。

幕の内弁当には主役がいない。

形も大きさもほぼ一定で、飛びぬけて大きなものとか、特に目立つというものはない。

それぞれが、一定の秩序をもって箱の中に平たくきちんとおさまりかえっている。

「オレが村田だ」とか「オレが丹波だ」とか、一人だけでかいツラをしようとする奴はいない。（㉔）

松たけ

松茸、と聞くと人は急にソワソワし始める。

それまで心穏やかだった人も、そう聞いたとたん心にさざ波が立つ。

ソワソワと落ちつきを失う。

ソワソワにはいいソワソワと悪いソワソワがある。

いいソワソワは、例えば落語の長屋のハチ公のところへ、きょうの夕方花嫁が来るというので、朝からソワソワするのがいいほうのソワソワで、悪いほうのソワソワは、例えば居酒屋でモツ煮こみかなんかで一杯やっていると、隣の客が「松茸の土びん蒸し」なんて注文する声が聞こえてきたときのソワソワである。(⑳)

松たけ

松たけで話題になるのは、その味覚ではなく、常に大きさである。土びん蒸しの中の松たけが、厚くて大きかった、と言って喜び、薄くて小さかった、と言って嘆く。

松たけを目の前にすると、料理人は、本能的に薄く切ろうとし、客は、本能的に厚からんことを乞いねがう。(㉖)

丸かじり

丸かじりは痛快である。

食にまつわるもろもろの取り決めを一蹴して潔《いさぎよ》い。

かじりつき、食いちぎる、という行為は、食べ物の食べ方の基本である。原始にかえったような楽しさ、爽快感がある。

食べ物を、生き生きと食べることができる。(㉓)

饅頭

たまに食べると饅頭はおいしい。

地味でひかえめな菓子だが、どこかしみじみしたところがあり、しみじみ食べるとしみじみおいしい。

特に、心が少しいじけているとき食べるとおいしい。

いじけて、饅頭の表面の薄皮を、爪の先でつまんでピリピリはがしているところなど、いじけた心にとてもよく似合う。

そういうときの饅頭は、あんまり大きくないのがいい。形は丸くて平凡なのがいい。色は茶色のやつがいい。甘味は少しおさえめがいい。ハンコは押してないのがいい。お茶はぬるめの渋茶がいい。しみじみ噛めばしみじみと、いじけた心にしみるのさ。(㉟)

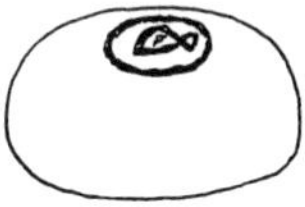

饅頭

饅頭をまず二つに割り、割ったアンコの断面をしみじみ眺める。

饅頭のアンコは水分が少ない。

最中《もなか》のアンコや、鯛焼きのアンコと比べてみるとそのことがよくわかる。

水分が少ないから、割るとスッパリと刃物で切ったように割れる。割った片方を口の中に放り込む。水分が少ないから、口の中でしばらくの間モクモクモクモクモクモク嚙むことになる。アンコに十分唾液がゆきわたるまで、モクモクモクモク嚙むことになる。

だが、唾液が十分ゆきわたらないうちに、いつも「もう、このへんでいいか」と飲み込むことになる。「ンッグ」と強引に飲み込むことになる。

強引に飲みこんで、舌の上に少し残ったアンコを強く味わおうとして、舌を上アゴに強くこすりつけ、その結果、「ンパッ」と、舌打ちのような音をたてることになる。

舌打ちのような音をたてたあとに飲むぬるめの渋茶はおいしい。

歯ぐきや、口の中のあちこちに残ったアンコを、渋茶が洗い流してくれる。このころになると、いじけていた心も少し元気になる。（㉟）

み

ミカン

数ある果物の中で、ミカンほど気のおけない果物はない。

そう思いませんか。

心やすいし、親近感が持てるし、よそよそしくない。（㉛）

ミカン

昔のミカンは、いまのミカンほど房の皮が柔かくなかったせいもあって、一房ずつはずして食べたものだった。

一房ずつはずして、房の背中のところの白いスジを丁寧に取って食べた。

もう全部取れたかな、と、もう一度見回し、うん、ここにもうひとスジあった、なんて言ってそれを取り、うん、これでよし、なん

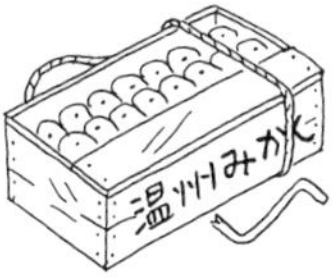

て言って左手に持った房を唇にタテに押し当て、上の歯と下の歯でギュッとそれを押しつぶすと房が破れ、口の中に甘くて酸っぱい果汁が流れこむ、と同時に左手に持った房を唇から引き抜く。

わたくしの子供のころは、こういう食べ方をしていた。(㉒)

水

人間は水を飲む。

人体の六〇%ぐらいが水分だそうだから、減った分をしょっちゅう補給しなければならない。

一日に何回も、いろんな飲み方で水分をとる。

一番単純な飲み方は、コップで飲む飲み方だ。

これが本当は一番おいしい。

ラーメン屋で熱いラーメンを食べ終わったあと、氷入りの水をゴクゴク飲むのはおいしい。

大抵の人はノドを上に向けて一気に飲む。

この〝一気〟というのが大切なのだ。

一気に飲むことによって大量の冷たい水が口の中に流れ込み、行き場を失い、サテ困った、どうしようと思ったとき、なんだか奥のほうに小さな穴があるよ、ということになり、全員その小さな滝壺に殺到し、水しぶきをあげ、激しい水流となってそこのところを通過していく。

このときのノドの擦過感がいい。グビグビと動かされるノドチンコが気持ちいい。

ゴクゴクと鳴るノドの音が爽快だ。

これはもう、明らかに口中の一種の騒動である。

この騒動が嬉しい。

ゴクゴクと連続して飲んでいるがゆえに、その時間の経過とともに、口の中が、キーンと冷たく冷えていく。

この〝キーンと冷えていく口中〟も快感である。(41)

ⓜ

水羊かん

水羊かんを、用心深くフォークで刺し、用心深く口のところへ持っていき(なにしろ崩れやすい)、アグ、と、ひと噛み。歯はズルズルと水羊かん内部にめり込んでいく。このときの感触がたまらなくいい。

め り込んでいって、勢い余って水羊かん内部で、上の歯と下の歯がカチンと音をたてたりするのもいい。

みずみずしくて冷たい水羊かんの両面が唇にあたる。

嚙みとったあと、なぜか急にしみじみした気持ちになって、自分が嚙みとった水羊かんの歯あとを、しみじみと眺めたりする。

わが業績をしみじみと眺める、というか、偉業をふり返る、というか、そういうことをするものなのだ。(㉕)

味噌汁

熱い味噌汁を一口すすって、それがとてもおいしかったりすると、思わず、

「アー」

という声が出る。

出てしまうというか、自分ではそんなつもりはないのに、気がつくと「アー」という声が口をついて出る。

永谷園の味噌汁のテレビコマーシャルでも、熱い味噌汁を一口すすった男は、「アー」という声を洩らしている。(㊵)

㋯

味噌汁

味噌汁は〝煮えばなの熱いうち〟が強調されるが、すっかり冷めてしまった味噌汁の味も捨てがたい。

いや、こっちのほうがはるかにおいしい、という場合さえある。

例えばジャガイモの味噌汁なんかは冷めたほうがおいしい。

味というものは、煮たっているときにはしみこまないそうだ。

温度が下がってきて冷め始めたころ、味はしみこみ始めるという。

すっかり冷めきったジャガイモには、味噌汁の味がしっかりしみこんでいる。

味噌の味と、味噌汁の味はちがってあたりまえだが、この味噌汁で味つけしたジャガイモが旨い。

そして、ここが大切なところなのだが、冷めきった味噌汁は、〝台所の立ち飲み〟が旨い。

マス酒は立ち飲みに限るが、冷めた味噌汁も立ち飲みに限る。

しかも、〝お玉のすくい飲み〟が旨い。

お椀によそったりすると、とたんにまずくなる。

すなわち、冷めた味噌汁は、〝台所の立ち飲みお玉すくいあげジカ飲み〟というのが正しい飲み方ということになる。(㉔)

ミツマメ缶

ミツマメ缶は夜中に食べるとおいしい。

ミツマメ缶は、カンテン、ミカン、サクランボ、求肥《ぎゅうひ》、赤エンドウ(黒豆みたいの)、ナシ、アンコといった構成になっている。

これらのものを、ただスプーンですくって適当に食べればいいというものではない。そこにはおのずと、エコヒイキというものが生まれる。

黒豆みたいなものは何となく邪魔で、早めに始末したくなる。そこで片はしから拾って食べてしまう。

ところが人さまざまで、これを大切にとっておいて、あとでゆっくり楽しむという人もいる。

ミカンも邪魔だ。ナシの切れはしも目ざわりだ。「あっちいけ」という感じになる。

かわいいのはカンテン、求肥、アンコたちで「こっちおいで」という気持ちになる。

特に求肥はかわいい。

ネッチリとしているのに歯ばなれのいいところが好もしい。(㉕)

め

目刺し

清貧の殿堂、定食屋でも、アジの開き定食はあるが目刺し定食はまずない。社員食堂でもお目にかからないし、縄のれんでもなかなかお目にかかれない。それはなぜか。それは目刺しが、清貧界の巨匠であるからだ。目刺しは安い。一連百円。一匹二十五円。

目刺しは骨ごと食べるからカルシウムは摂れるし、いまはやりのEPAやDHAの宝庫でもあるのに、値段が安いというだけで清貧の王にさせられてしまった。

値段の問題ばかりでなく、見た目も哀れだ。見ていてつらい。

四匹並んで竹串で目を刺されてぶらさがっている。こんなつらい光景はめったにお目にかかれない。

「何の因果でこんなことに」

と同情を禁じえないし、

「何もこうまでしなくても」

という思いもするし、

「もっと穏便な方法はなかったのか」

という気持ちにもなる。

みじめ系あわれ類なさけな科に属するという点も、飲食店に嫌われる理由だ。(㉞)

目玉焼き

目玉焼きの魅力は、少しでも触れれば、トロリと破れて流れ出る黄身の柔らかさにある。

だから破れてくれないと困るわけだが、破れてもらっては困る。

食べるのに困る。

目玉焼きは、その成り立ちにおいて、こうした大矛盾をかかえた食べ物だったのだ。

不条理そのものの食べ物だったのだ。(㉘)

メニュー

メニューは物語である。

そのことに多くの人は少しも気づいていない。

メニューは一見、単なる羅列にみえる。しかしこれが、省略法を最大限に用いた特異な文体だということを見破った人は少ない。この文体の行間には、無限の記述がある。それを読みこなせる人は少ない。(㉕)

メロンパン

メロンパンに初めて対面した人は、

「うむ、なんかありそうな奴」

と思う。そういう期待感を抱かせる風貌と落ちつきがある。

そこで、まあ、ひとかじりしてみる。

最初、乾いたカサブタのようなところに歯が当たって、少しサクサクしてるな、と思った瞬間、歯は急に湿地帯に突きあたる。

初めサックリ、中シットリ。

ⓜ

いくぶん湿り気をおびた甘食風のパン生地が、唾液でどんどん湿っていって、だんだんニッチャリしてくる。

味としては、ほんの少し砂糖の甘い味がするだけで、とりたてて言うほどのものは何もない。

何かありそうな気がして言葉を探すのだが、やはり何もない。

ニッチャリしたものが、歯の根元のあっちにもこっちにも付着して、あとであそこと、あそことあそこ、舌でこそぎ取らなくちゃ、なんて思いながらしばらく噛んで飲みこむ。

飲みこんで、なんだか寂しい。

最初の期待が大きかっただけに、よけい寂しい。

ぼくのように、メロンパンの実態を知っている人でさえ寂しいのだから、生まれて初めてメロンパンを食べる人は、もっとうんと寂しいにちがいない。ひと口食べて、

「うーん、こんなはずはない。そのうちきっと何かが起こる」

と期待して急いでふた口食べ、

「うーん、ますますこれだけのはずはない」

と食べているうちに不安になり、

「まさか、このまま終わるのでは」

と思っていると、本当にそのまま終わってしまう。

本当に何も起こらない。(㉝)

麺

よく考えてみると、たかが一本のうどんやそばに、日本人はずいぶんといろんなものを要求したものだと思う。

やれコシを入れろだの、やれちぢれろだの、のびるなだの、ノドごし大丈夫かだの、歯ごたえ頼むぞだの、しっかりしろだの、考えうるかぎりのことを要求している。

うどんの身になってみればずいぶん過酷な要求と言える。我が身はただ一本の小麦粉のかたまりだ。そんなにいろいろな要求に応えられるわけがない。

中国にいるときは、ただツユの中で、のびのびとからまりあっていればそれでよかった。

「日本にきたばっかりに」

という嘆きが、ちぢれた麺から聞こえてくるような気がする。

（35）

麺

うどん、そばの魅力は〝すする魅力〟である。

うどん、そばのたぐいを、すすらないで、箸の先で口の中に押しこんで食べると旨くないのは誰でも知っている事実である。

われわれ日本人は、スパゲティさえ、すすらずに食べるとおいしくない。

すする魅力とは何か。

それは麺が唇を通過していくときの、擦過感の魅力にほかならない。

その擦過感が快感であることにほかならない。

うどんは、ぬめりながら唇を通過する擦過感を味わっているのであり、そばは、ザラつきながら唇を通過していく擦過感に陶酔しているのである。（17）

麺

ラーメンにしろうどんにしろ、細長い麺状のものは、すすりこむときに口の周りでひとしきり暴れて抵抗する。口の周りをたたき、蹴り、撥《は》ねたり、適度の摩擦感を与えながら唇の間を通過していく。

この一連の感触は、一種の快感なのである。麺類を味わうことは、この快感をも味わっていることになるのだ。（㉔）

メンマ

メンマはスープになじむ。スープになじんでスープより味が濃い。ここが大切なところだ。味が濃いからスープと麺のおかずになる。繊維感のある歯ざわりも、箸休めならぬ〝歯やすめ〟的存在となりうる。味わいも、全体の味とつかず離れず、一定の距離を保ちつつ、ほどのよいハーモニーをかもしだす。（㉚）

も

モツ煮込み

モツ煮込みは、接待とか、カードとか、領収書などの世界とは無縁の食べ物である。

「モツ煮込みで接待した」という話はあまり聞かないし、むろん一流の店ではモツ煮込みを出さない。

「吉兆でモツ煮込みが魯山人の器で出てきた」という話も聞いたことがない。

「粗にして野だが卑ではない」という本があったが、モツ煮込みは、「粗にして野だが卑でもある」。（30）

モツ煮込み

モツ煮込みのツユには、モツ自体のうまみと、モツの裏側についている白い脂肪、通称白いトコ、あの脂肪の味がにじみ出ている。

モツ煮込みのおいしさは、実はこの白いトコのおいしさなのだ。

大抵の店のモツ煮込みは、シロとかヒロとか呼ばれる腸の部分が多い。

ちょっとゴム管に似た感じがあって、そこのところをムギュムギュと嚙みしめると、その裏側についている白いトコが、まさにジュワーッという感じで口の中で溶ける。

まさに脂の味。脂が溶けていく味。

ちょっとミルキーで、やや甘く、そこのところへ味噌の味が加わり、ネギの香りが加わる。これを〝ムギュムギュの幸せ〟と世間一般ではいう。

モツ煮込みのアイデンティティーは、まさに白いトコそのものにあるのだ。（37）

モナカ

モナカはアイスクリームの容器としての役割も持っている。

持ってはいるが、食物としての役割も持っている。

そして、内に包合するものを選ばない。

アンコでも、アイスクリームでも黙って暖かく包んでやっている。

心の広い、器の大きいヒトなのである。

さらにモナカの偉いところは、金魚すくいなどという意外なとこ

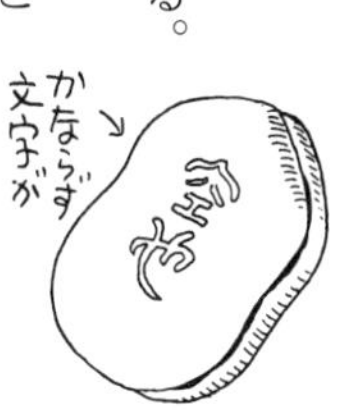

ろにも登場する点である。頼まれればどこにでも出かけていくという働き者なのである。

モナカは偉いと言わざるをえないゆえんである。（⑭）

桃

とにかく〝健康〟じゃないんだよねキミは。

ぐじゃっとしていて、湿っぽくて、押せばへっこむし、揉めばつぶれるし、なでれば……。

なでるとかすかな毛のようなものが指の先に感じられ、あー、もー、キミはよくないッ。

よく見ると、まん中に一本、スジというか、ミゾというか、ワレメというか、あー、もー、キミはよくないッ。

汁気がすごく多いから、どうしても吸いつくことになるし、吸いつかなければシルがたれるし、種の近くまで食べていくと、種のまわりにあるモヤモヤした繊維のような、毛のようなものが歯にはさまるし、あー、もー、キミはよくないッ。（㉑）

モヤシ

野菜にはすべて本業がある。

モヤシはどうか。

モヤシには本業があるのか。モヤシは副業だけで生計を立てているのではないか。

名もなく貧しくヒョロヒョロと生きているのがモヤシではないのか。

と、誰もが思いがちだが、どっこいモヤシにはモヤシそばという世に名高い本業がある。（41）

山羊汁

鉄鍋にはいっており、フタを取ると、いままでのとはケタの違う大がかりな匂いがあたりに漂った。

　おばさんは、

「匂い消しにヨモギを入れてありますから」

と済まなそうにいい、なぜか逃げるように立ち去っていくのである。ぼくは箸《はし》を取り、

「たしかにこれは、このォ、なんというか」

と搔きまわしたとたん、ものすごい匂いが鼻を襲い、「ウッ」と思わずむせかえった。

　十年間掃除をしない山羊小屋を、密閉して蒸し器にかけ、五年ほど発酵させ、その封をいままさに切った、というような恐ろしい匂いである。（⑩）

ヤキソバ

ヤキソバの具は多すぎてはいけない。大きすぎてもいけない。

ヤキソバの具は、「屋台のヤキソバ」を模範としなければならない。

小さく、少なく、ときどきひょっこり、を目標にしなくてはいけない。

そうじゃないと、〝肉野菜炒めにヤキソバが少し混ざったもの〟になってしまう。

ここでいうヤキソバとは、いわゆるソースヤキソバのことである。(㉜)

ヤキソバパン

小型のコッペパン風のお腹がタテに切り裂かれていて、そこのところにウニャウニャと焦げ茶色のヤキソバが押し込まれており、ちょうどまん中へんのところにまっ赤な紅生姜がちょっぴり。

一言でいうと下品。

二言でいうと安っぽくて下等。

ここには上等なものは一つも登場しない。

コッペパン、ヤキソバ、紅生姜、以上。

ここには美学というものは存在しない。急な来客があって、そのへんのガラクタを乱雑に押し入れに押し込んだごとし。(41)

ヤキソバパン

よく考えてみると、この組み合わせはまことにヘンだ。

麺にパン。

ヤキソバはそれだけで一食をまかなえる主食であり、パンもまた主食である。

世帯主と世帯主、本来ならば皿を一つにしてはいけない仲である。

同衾してはいけない仲なのである。

テーブルの上に、ヤキソバの皿があり、パンの皿があったとする。

この二者を眺めた人は、この二人が抱き合うとはツユ思わないであろう。

ところが二人はヒシと抱き合ってしまうのだ。

いけないことをしてしまうのだ。(41)

ヤキトリ

ヤキトリを食べている人は、いくらかの品格の損傷をまぬがれえない。

威厳の損傷もまぬがれえない。

貫禄の損傷もまぬがれえない。

ヤキトリは、いろんなものを損壊させつつ食べる食べ物なのである。

ヤキトリには、屋台、コップ酒、路地裏のイメージがつきまとう。

そればかりでなく、ヤキトリは宿命的に品のなさをもっている。

箸を使わず手に持って食べる、というところも、その原因の一つだ。

タレがたれるので必然的にアゴがでる、というのも、その一つだ。

人間には、出してはならない体の部分はたくさんあるが、アゴもそのうちの一つである。（㉛）

ヤキトリ

業界ではふつうの焼き鳥を正肉というらしいが、大抵の人がネギと鶏肉の正肉からいく。

「最初が肉で次がネギ」という店が多いが「最初がネギ」という店もある。でもやっぱり「最初が肉」のほうがいい。最初がネギだと、

「ネギ食いにきたんじゃねえや」

と言いたくなる。

肉の一片には必ず皮がついていて欲しい。皮の含まれていない一片は実に味けない。そして、正肉はやっぱり塩でいただきたい。

カリッと焼きあがった皮の表面の塩の味がまずして、皮のすぐ下の脂が香ばしく、と次の瞬間鶏肉本体の味になり、それからグニャグニャとそれら全体の味になり、適度に塩っぱく、適度に脂っぽく、最後に隣にいたネギから移った香りが肉から立ちのぼる。

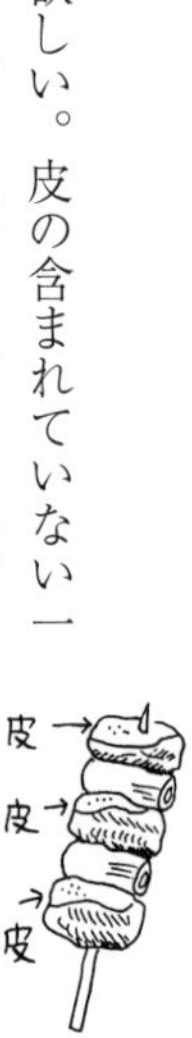

次に食べることになるネギには、鶏の脂が移っていて、このネギがまたグニャグニャとおいしい。(㊱)

ヤキトリ

皮がおいしい。皮大好き。皮もやっぱり塩ですね。縫い串に打った皮の、火にあたった部分はパリパリ、畳まれて火にあたらなかった部分はグニャグニャ、このパリグニャがおいしい。ボツボツの毛穴のついた表面の火にあたった部分がカリカリ、そのすぐ下の脂が

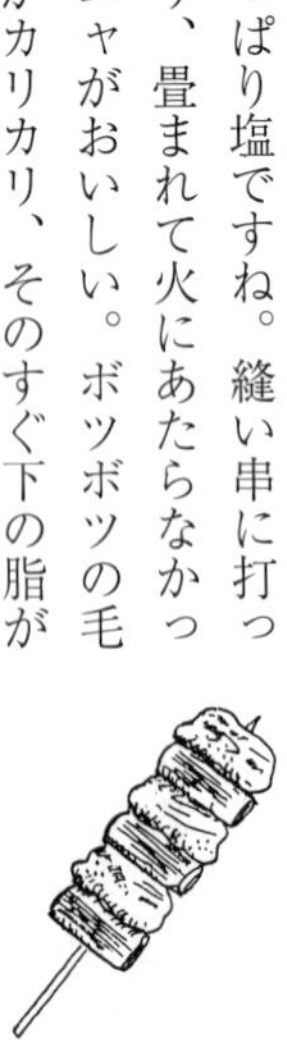

ヌメヌメ。このカリヌメがおいしい。(㊱)

焼きナス

焼きナスというのもいいですね。

あれは、皮を自分でむかないとおいしくない。

焼きたての熱いのを、「アチ、アチ」なんて騒ぎながらむいていき、あんまり熱くて必ず一度は取り落とし、少し憎らしく思い、一個むき終わるのにかなりの時間がかかる。

むく時間に比べて、食べる時間は実に短い。アッというまに食べ終えてしまう。

だから、焼きナスというのは、皮をむくのと食べるのとがワンセットになっていなければならない。

むいている段階で、すでにもう、焼きナスを味わいつつあるのだ。(㉗)

焼き肉

焼き肉は〝焼く〟過程があってこそおいしい。

焼きあがった肉を皿に山盛りにして、いきなり持ってこられてもおいしくない。

生の時代から面倒をみて、半生の時代、もう焼けたかなの時代、いやもう少し待ての時代を共に歩んできて食べるからおいしいのだ。(43)

焼き肉

食事というものは、時間がない場合以外は、ゆっくり落ちついて、気持ちもおだやかに食べるものなのだが、焼き肉に限ってはそうはいかない。

時間が十分ありすぎるほどあっても必ず忙しいことになる。

最初のうちこそ落ちついて、そろそろ焼けたかな、なんて、一、二片をひっくり返して調べてみたりしているが、これは、まあ、嵐の前の静けさといってよい。

同時に火の上に置いた六つの肉片は、あたりまえの話だが同時に焼きあがる。

焼き肉は焼きすぎるとたんにまずくなるし、熱いうちがおいしい。

とりあえず一片を取りあげ、ジュウジュウいってるのを、タレにつけてアグリと一口。ウムウム、肉と脂とすっきりと甘辛いタレの味が、ウムウム、こう、香ばしくおいしく、しかしアチィな、ウン、はっきりアチィ、おーアチィ、ビール、ビール……とやってるうちにも、火の上の残りの五片は焼けていくから、そいつらを、あまり熱くない岸のほうへとりあえず緊急避難させる。

避難はさせても、肉に火は通っていくから早く食べなければならない。

急いで二片ほど取りあげ、これはゴハンで食べ、ゴハンを食べるとキムチも食べたくなってキムチも食べ、キムチは辛いから今度はビールが欲しくなりまたビールをゴクゴクゴク。ゴクゴクやりながらも目は肉の上に注がれ、肉は早くも焦げ始め、しかし肉ばかりでなくこの辺でゼンマイも口に入れてみたい。そういえばユッケも食べなくちゃ、そうはいっても焦げ始めた肉が先、と、このようにして食事は加速度がつき始める。(㉔)

山かけ

小鉢の中のまぐろを取りあげようとすると、まぐろがトロロで貼りついてなかなかはがれない。

ようやくはがして持ちあげると、まぐろだけスルリとトロロから抜け出してしまう。

「山かけ」は、まぐろとトロロをいっしょに食べてこそ、その味わいがある。

そこでまぐろにトロロをまぶしつけようとするのだが、まぐろの

表面はツルリとしているから容易にはくっつかない。どう考えても両者は互いに嫌がっているとしか思えないのである。

いっしょになってはみたものの、性格の不一致が判明し、目下怪しい雲行きになっている、とみえないこともない。

両者が協力しあっている様子がどこにもみられないのである。（㉕）

ゆ

湯気

湯気は人の心をほのぼのと温かくする。

古来より〝湯気あるところにフーフーあり〟と言われているように、湯気の立つ食べ物は、必ずフーフーして食べなければならない。

フーフーとは、フーフー吹くことである。

〝フーフー〟は、辞書には載っていないが、立派な普通名詞であり、幼児などに「このおそば熱いからフーフーしてから食べましょうね」というふうに使う。

動詞としては、フーフーする、というふうに使う。

ラーメンでも豚汁でも焼きいもでも、モーモーと湯気をあげているものは、誰でもフーフーする。

〝モーモー、フーフーの法則〟と言って、この法則を無視した人は手痛い仕返しを受けることになる。(28)

湯豆腐

湯豆腐は一人が似合う。そして〝男の鍋〟でもある。

鍋が少しずつ沸いてきて、豆腐がグラッと揺れる一瞬をじっと待っている男の姿には、男の哀愁、男の孤独、男の飄然といったものさえ感じられる。

一種の男らしささえ感じられてくる。

ところが実際にやっていることは、そういうものとあまりにかけ

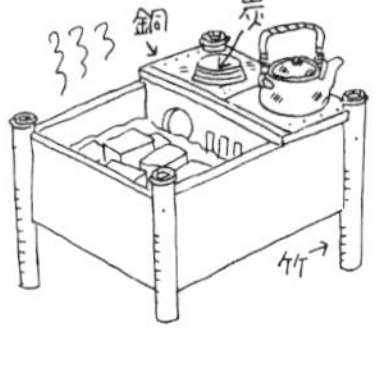

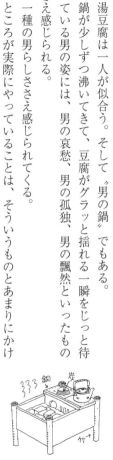

離れていると言わざるをえない。

豆腐というものは弱者である。けっして体が頑丈というわけではない。崩れやすく、こわれやすく、ほんのちょっとした攻撃にももろい。

そういう弱者が小さな鍋の中で逃げまわるのを追いかけまわり、鍋際まで追いつめ、それでもニョロリと逃げようとするのを「コイツメ」なんて言って結局のところ突き崩してしまったりしているのだ。

全体的にコソコソした感じがあり、なんだかいじましく、めめしく、あさましい行為と言わざるをえない。（㊳）

よ

（よ）

酔いざめの水

酔いざめの水もおいしい。

これを、おいしい水の第一位にあげてもいいくらいおいしい。

酔いざめの水のうまさを下戸知らず
という川柳があるが、下戸の人には気の毒なほど旨い。

若いころは、酔っぱらうと、大きなヤカンに水をいっぱい入れ、枕元において寝たものだった。

夜中にのどがカラカラに渇いて目覚め、ヤカンに口をつけて、いわゆる〝口のみ〟というやつでゴクゴクと飲む。

飲んで布団に倒れこみ、死んだようになって寝て、また起きて飲む。

この水はまさに甘露であった。（㉖）

洋食のコース料理

洋食のコース料理を食べていて、いつも疑問に思うことがある。

まず最初にオードブルが出る。

そうすると、これをすべて食べつくさないと次の料理が出てこない。

仕方がないから、オードブルばっかり食べる。

オードブルがテリーヌだったら、これを切り取っては食べ、また切り取っては食べる。少し休んで、またテリーヌを切り取って食べる。

日本人にはこれがつらい。

日本人の常として、何かを一口食べたら、次は別種のものを一口食べたい。

カマボコを一口食べたら、次はワサビ漬けのピリッとしたのを口に含みたい。

どうも洋食の、あの〝一品食べつくし主義〟は疑問に思えてならない。(㉘)

ら

ラーメン

ホラ、雑誌なんかで〝ラーメン特集〟などというものをよくやってますね。

カラーグラビアで、名店のラーメンが、アップの大写しでズラリと並んでいる。ラーメン丼のふちギリギリまで張られた醤油味のスープ。そのスープの中に、漂うがごとく、ひそむがごとく見えかくれしている細打ちのちぢれ麺。周辺に脂の層を一筋走らせた厚切りの焼き豚。醤油色に染まって行儀よく並べられたメンマが五本、おや、はじのほうにはぐれメンマがもう一本。いまのせたばかりらしい海苔が周辺から湿り始めている。

所を選ばず出没する刻みネギたち。

スープの上にキラキラと漂うメダカのコンタクトレンズのような無数の脂。

立ち昇る湯気には梘水《かんすい》の匂いさえ感じられる。

こういう写真にじっと見入っていると、急に、

(こうしてはいられぬ)

という気持ちになる。

矢も楯もたまらぬ、という気持ちになってパタンと雑誌を閉じ、もはや一刻の猶予《ゆうよ》もならぬ、と、サンダル突っかけて小走りに走って近くのラーメン屋に飛びこんで行きたくなる。(27)

ラーメン

いまやニッポンの国民食とまでいわれるようになったラーメンに、その正しい食べ方がないというのでは世界に顔向けができないではないか。

実際ぼくなど、ラーメンを食べるたびに、いつも、

「果たしてこれでいいのだろうか」

と迷いつつ食べ、迷いつつ食べ終え、釈然としないまま店を出てくることが多い。

まず最初に一口スープを啜《すす》ってから麺《めん》に取りかかるべきなのか。

あるいはとりあえず麺、それからスープなのか。

焼豚は、どの時点で食うべきなのか。

メンマは、単独で味わうものなのか、あるいは麺といっしょに味わうべきものなのか。

ノリをのせる店があるが、あれにはどう対処すべきなのか。

スープは全部飲んでもかまわないものなのか。あるいは少量残すべきなのか。

この「スープの問題」には毎回ほとほと困り抜いている。

ぼくとしては全部飲み干したいのであるが、それはやはり世間が許さないようなのだ。

スープを全部飲んでしまう人は、いやしい人、いじましい人、せこい人、月給安い人という判定を世間から受けてしまうのだ。

丼《どんぶり》に残ったスープを眺め、

「もうこの辺が常識の限界であろう」

と思い丼を置き、しばし考え、両隣の客及び店主のスキをうかがってもう一口飲み、思いまどい、

「エエイ、もうこうなったら世間も常識もないッ」

と全部啜りこみ、せわしなくお勘定をし、深く傷ついて店を出る、というのが毎回なのである。(⑨)

(ら)

ラーメンライス

ラーメンライスは、実はスケールの大きな食事なのだ。

豪勢きわまりない食事と言ってもよい。

ラーメンは、それだけで一食をまかなえる主食である。決してお

かずではない。

そういう意味では、天丼、カツ丼に匹敵するし、刺し身定食にも相当するし、フランス料理フルコースと対等と言うこともできる。

そのフランス料理と対等の実力者を、おかずとして処遇しようというのが、ラーメンライス側の立場なのである。

重役級の大物を、使い走りとして使ってやろう、そう言っているわけなのですね、ラーメンライスは。(㉙)

らくがん

らくがんは、歯にあてがって「このぐらいの力で嚙めば砕けるな」と思った以上に常に硬い。

つまり、脳当局と歯当局の間に、常に見解の相違があるのだ。両者の見解を調整しなおし、予算と馬力を強化してもう一度嚙めば、かなりの振動を脳に与えて今度はカリッと砕ける。

砕けたな、と思った次の瞬間、らくがんは魔法のように口の中から消える。(㊱)

らくがん

ラクガンを口にするとき、われわれはなぜか非常に慎重になる。

細心の注意を払いつつラクガンに対処する。

ラクガンのどのあたりに歯を当てるか、まず、そのあたりから細心の注意が始まる。

慎重に歯の当たる場所を定め、用心深く歯に力を加えていく。

やがて、歯の力に堪えきれなくなったラクガンが、サクリと崩れた瞬間、なにかこう「しまった」というような思いに襲われる。

意図していたことが成就したのに、罪悪感のようなものを覚えてしまう。

成功の瞬間が、失敗の瞬間に思えてしまうのである。

繊細なデザインをほどこされた、一種の完成美が、壊してはならぬものとして捉えられ、それを壊してしまったという思いが罪悪感につながるのだろうか。（㉛）

ラムネ

ラムネは水平に持って飲んではならない。これでは、中のガラス玉が意味をなさないことになる。

仰角八度、このあたりが正しい。

このあたりだと、吸っているうちに玉が少しずつ口元に移動してきて、ついには密封の役目をはたす。

最初ゴクリと入ったラムネは、その流入量が少しずつ減っていって、やがて途絶する。

そこのところを、そうはさせじ、と、無理にチューチューと吸いこむところに、ラムネのおいしさがある。

しかし、いかにチューチューを強力にしても、もはや一滴のラムネも口の中に入ってこない。

このときの、ちょっとしたいまいましさ、いらだたしさ、無念さ、まったくもう、しようがない奴だという思い、そうしたものも、ラムネ独得の妙味といえる。

そこでビンをタテにして、ガラス玉をカランと下に落としてやる。

ついでにカラカラと振って音を楽しむ。

ガラス玉がすっかり安心しているスキをみて、すばやくビンを口に持っていき、ガラス玉と競争みたいに飲む。ガラス玉は大あわてで栓をしにかかる。

この競争が楽しい。(㉘)

り

リンゴ

リンゴは清涼
赤い清涼（㊸）

リンゴ

リンゴはいつどこにいても落ちつきはらっているように見える。

果物屋の店先でも、八百屋の奥のほうの棚の上でも、スーパーの果物コーナーのところでも、静かに落ちつきはらっている。

他の果物、ブドウや梨やミカンや柿があわてている、というわけではないが、リンゴと比べると彼らにはソワソワしたところがある。

リンゴは一年中店頭にあるが、彼らは〝出場期間〟が短いせいで、それでついソワソワしてしまうのかもしれない。

リンゴは自信があるのだ。

それですっかり落ちついているのだ。どういう自信かというと、

（自分は果物側の果物ではなく、人間側の果物だ）

という自信。

つまりリンゴは、〝人間の身内〟だと思っているわけです。

もうすっかり人間に信頼されて、常に人間の生活の中にいて、人間が味方についていて、家畜ならぬ〝家果〟のような存在。

キミたちとちょっと違うのだよ、という自信がリンゴに落ちつきを与えているようなのです。（40）

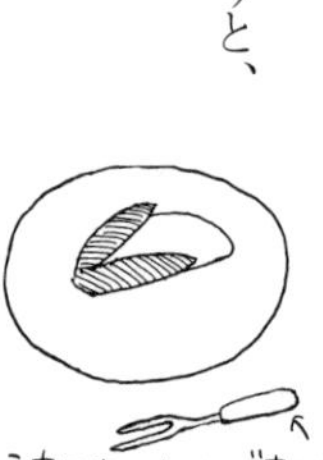

リンゴ

りんごを食べるにはまず剝くところから始めなければならない。

剝き始めのときは、誰もが剝いていく皮が切れずに一センチでも長いことを願い、できることなら一回も切れずに一本で剝き終わることを願いながら慎重に剝いていく。

ところが、途中で切れたとたん、一回も切れずに剝けたところでそれが何のトクになる、こんなもん切れるのが当然、と、そのあとは二回、三回とちょん切れ放題。

(40)

れ

冷麺

冷麺というものは、日本全体でどのぐらい認知されているものなのだろうか。

ラーメンなら、

「自分は一日一回、ラーメンを食べないとダメであります」

という人はいくらでもいるし、蕎麦も、

「あたしゃ蕎麦っ食いだから、まいんちでもいいよ」

という人もたくさんいる。

しかし冷麺はどうか。

ぼくなど冷麺はひと夏に一回か二回といったところで、特に食べたいと思うことは

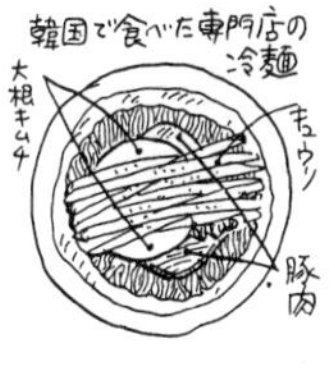

あまりない。
しかし、食べてみると確かにおいしい。(⑱)

レバーフライ

レバーフライは揚げるとすぐ、ソースにジュッとくぐらせて渡してくれる。出窓のところにはカラシの容器が置いてあって、全面的に「店の前のかじり食いＯＫ」を表明しているのだ。

驚いたことに、レバーフライはパキッとしている。あのヘニャヘニャかつプンナプンナのレバーが、高温の油をくぐったとたんパキッとなる。

レバー自体の厚さは一ミリ、コロモが上下三ミリずつで計七ミリ。ほとんどコロモとソースの味で、しばらくしてかすかにレバーの味がする。香ばしくて旨い。(㉞)

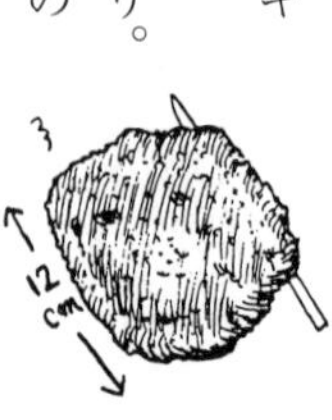

レバニラいため

よく考えてみると、レバニラいためは、レバー、ニラ、ともに嫌われ派の巨頭である。

巨頭が二人、ともに主役を張っているところがすごい。間にはさまれたモヤシが、よく我慢していると思う。（㉖）

レバニラいため

レバニラいためは不思議な食べ物で、実にあやういところに位置している。たとえばこれを、いかにもひとり住まいらしい若者が食べていたとする。すると、「うん、この青年は大丈夫だ」という気持ちになる。

この青年は、正しい方向に向かっている。

正しく栄養をとろうとしているし、正しく体力をつけようとしている。健康にも十分注意を払った生活をおくっているし、正しい道を歩んでいる。青春、ひたむき、努力、健康、夢、希望、そういったものが、レバニラいためを食べている青年から感じられる。

では、おじさんだったらどうだろうか。

おじさんが、ラーメン屋でレバニラいためを、丼めしで食べているとしたら、周りの人の目にどう映るだろうか。

㋹

とたんにその周辺は、暗く重くるしい空気に包まれるにちがいない。

孤独、家庭不和、粗大ゴミ、窓ぎわ、一時しのぎの元気、そういったものを、周囲の人は感じてしまうにちがいない。

おばさんだったらどうか。

おばさんが、ラーメン屋でレバニラいためをおかずに、丼めしをかっこんでいたらどうだろうか。

ふしだら、じだらく、怠慢、やぶれかぶれ、どれ一つとしていい感想は生まれてこない。

レバニラいためは、青年が食べてこそ〝正しい食べ物〟になるのである。(㉖)

ろ

ローストチキン

ローストチキンは、いざ目の前にするといつもなんだか恥ずかしい。

あお向けになって二本の太モモを大きく持ち上げ、大きく尻を浮かしていて正視できない。

思わずうつむいてしまう。

本人だって、とても恥ずかしい体位をとらされて、とてもつらい思いをしているにちがいない。(40)

ローストビーフ

ローストビーフにはどうもなんだか近寄りがたい。

恐れおののくようなところがある。

と同時になんだか有り難い。

その存在自体に有り難みがある。

あの大きな肉のカタマリを見ると、思わず手を合わせて拝みたくなるような威光を感じる。と同時に、あのカタマリと関わりを持ちたいと思う。

お近づきになりたいと思う。

われわれは、ローストビーフにお目にかかることはめったにない。

「きょうはローストビーフで一杯やっか」

なんていうおとっつぁんもめったにいない。ローストビーフにお目にかかるのは結婚式か立食パーティーかのいずれかだ。(㊵)

ロールキャベツ

ロールキャベツはおかずのイマイチ君である。

おかずとして、イマイチ印象が薄く、イマイチ迫力に欠ける。

おかずとしてなんとなくマイナーで、おかずの二軍、という印象がある。(㉜)

ロールキャベツ

ロールキャベツは、ナイフでスパッときれいに切りながら食べるとおいしくない。

スプーンとかフォークなどで、苦労しながら切って食べるとおいしい。

皮のキャベツがうまく切れずにちぎれたり、ちぎれたと思って口に運ぶと、まだつながっていて、残りがズルズルと寄ってきたりして、少しイライラしながら食べるとおいしい。

フォークで切っているうちに、フォークの刃にキャベツがよじれてからみつき、それが唇からたれさがってスープがボタボタたれたりするとおいしい。

キャベツとハンバーグの部分がいっしょに切れず、皮だけズルズルとむけて裸になったところをあわてて修復したりして食べるとおいしい。（32）

キャベツが豊富に
巻きこまれたここが
うまい!!

わ

綿飴

昔は、足踏み式の綿飴製造機で、実演しつつ販売していたが、いまはどこかで作って、ビニール袋に包んで持ってきて並べてある。

手でちぎって食べる人もいるが、あれは食らいつくのが正しい。大口を開け、勢いをつけて食らいつく。

あんまり勢いをつけると、綿飴が目に入るし、頭髪にも貼りつく。

頭がバーコード関係のおとうさんは、気をつけなければならない。

口の中で、少し湿った繊維のような感じがあって、次の瞬間、アッというまに溶けてただの砂糖の味になる。

食べておいしいものではなく、朝顔市の朝顔のように、持って歩いて楽しむものだ。

大抵の人が食べ残し、翌朝は、見るかげもなくしぼんでいる。(㉘)

ワニ

そもワニの肉とはいかなる味か。

最初に唐揚げがきた(千二百円)。

これはまさに鶏の竜田揚げであった。

肉に醤油っぽい味を含ませてあって、肉質も鶏そのものである。

これだったら、なにもワニ御大にお出ましを願わなくても、配下の鶏で十分料理が務まるようだ。

もう少し厳密に言うと、鶏よりもほんの少し硬い感じで、しかし地鶏の硬さとはちがうモチッとしたような硬さ。

ステーキになると（三千円）、不思議に味は一変する。

喫茶店のマッチの大箱ぐらいの大きさの肉片が三枚、きれいにカットされて皿の上に並べられている。

（これが元ワニか）

というような変わり果てた姿である。

元ワニ、ではなく、いまもワニなのだが、どう見てもワニの面影がない。

ワニを焼いた肉汁に、バターとクリームを加えてどうにかした、というようなソースがかけてある。

色は豚のもも肉風で、ところどころに脂肪の層が走っている。

ナイフで切るときは硬いが、嚙《か》みしめてみると意外にやわらかい。

何に似ているのかといえば、豚のもも肉に一番近い。

ワニというと、パサついた感じの大味を予想するが、なかなかどうして味の濃いおいしい肉である。

（ワニもなかなかやるじゃないの）（㉖）

ワンタン

ワンタンは、あくまで、あのデロデロの皮の感触を味わうものだ。

〝具チョビ皮デロ〟がワンタンの命だ。

麺のように、コシとか歯ざわりとかにはいっさい関知しない。粉製品の中で唯一そういうことを主張しない〝半コシ精神〟の持ち主なのだ。

ただひたすらニョロニョロと生きているのだ。（㉞）

ワンタン一族押しかける

文章のチャーシューメン

東海林さだお

いいとこどり、という言葉がはやっている。

そのもののいいとこだけを取り出す。

チャーシューが好きな人にとっては、ラーメンにおけるチャーシューがいいとこどりである。

一番最後まで取っておいて最後に食べる。

カニの好きな人にとっては、何本かある足のうち一番太いのがいいとこどりである。

一番最後まで取っておいて最後に食べる。

肉の脂のとこが好きな人にとっては、トンカツのはじっこの脂身がいいとこどりである。

一番最後まで取っておいて最後に食べる。

まだまだいくつでも書いていく自信はあるが、キリがないのでこのへんでやめておくけれども、要するに食べものでいえば一番おいしいとこ、文章でいえばサワリのとこということになる。

一篇の文章の一番面白いとこだけを、いいとこどりにして並べて本にして売り出したらどうか、ということを考えたズルイ編集者が筑摩書房にいたわけです。

M田というズルイ男がズルを考えついた。

一番最後まで取っておいて最後に食べるやつを最初に食べちゃう。

次から次に食べちゃう。

こんな贅沢がほかにあるだろうか。

こんなズルがほかにあるだろうか。

スイカでいえば、丸いスイカを切っていって最終的に皿に盛るときはてっぺんが尖った三角形になるわけだが、あの尖ったてっぺんが一番甘くて一番おいしい。

あのてっぺんのとこだけを売り出そうというわけです。

てっぺんのとこだけが次から次に並んでいるわけだから、自分ながらに読んでみるとこれが面白い。

サワリのとこだけ読んでいくわけだからこたえられない。

自分で読んで自分で笑って大いに喜んでいたのだが、ふと気がついた。

スイカのてっぺんが売れるのは嬉しい。

だが、てっぺんが売れるということは、てっぺんの下側の果肉が大量に残ることを意味する。

てっぺんを支えていた無辜の果肉たちはどうなるのか。

大量の在庫をかかえて、いま生産者は途方に暮れているところである。

㉓『タコの丸かじり』(1988年6月・朝日新聞社)

㉔『キャベツの丸かじり』(1989年1月・朝日新聞社)

㉕『トンカツの丸かじり』(1989年11月・朝日新聞社)

㉖『ワニの丸かじり』(1990年6月・朝日新聞社)

㉗『ナマズの丸かじり』(1991年3月・朝日新聞社)

㉘『タクアンの丸かじり』(1991年11月・朝日新聞社)

㉙『鯛ヤキの丸かじり』(1992年6月・朝日新聞社)

㉚『伊勢エビの丸かじり』(1993年3月・朝日新聞社)

㉛『駅弁の丸かじり』(1993年11月・朝日新聞社)

㉜『ブタの丸かじり』(1995年1月・朝日新聞社)

㉝『マツタケの丸かじり』(1995年12月・朝日新聞社)

㉞『スイカの丸かじり』(1996年9月・朝日新聞社)

㉟『ダンゴの丸かじり』(1997年5月・朝日新聞社)

㊱『親子丼の丸かじり』(1997年11月・朝日新聞社)

㊲『タケノコの丸かじり』(1998年5月・朝日新聞社)

㊳『ケーキの丸かじり』(1999年4月・朝日新聞社)

㊴『タヌキの丸かじり』(2000年5月・朝日新聞社)

㊵『猫めしの丸かじり』(2000年10月・朝日新聞社)

㊶『昼メシの丸かじり』(2001年9月・朝日新聞社)

㊷『ゴハンの丸かじり』(2002年10月・朝日新聞社)

㊸『某飲某食デパ地下繪日記』(1999年9月・毎日新聞社)

単行本一覧

1. 『ショージ君のぐうたら旅行』(1973年3月・文藝春秋)
2. 『ショージ君の「さあ！　なにを食おうかな」』(1975年6月・文藝春秋)
3. 『ショージ君の青春記』(1976年10月・文藝春秋)
4. 『ショージ君のほっと一息』(1977年9月・文藝春秋)
5. 『ショージ君の一日入門』(1979年3月・文藝春秋)
6. 『ショージ君の面白半分』(1980年1月・文藝春秋)
7. 『ショージ君の満腹カタログ』(1980年9月・文藝春秋)
8. 『ショージ君のコラムで一杯』(1982年10月・文藝春秋)
9. 『ショージ君の男の分別学』(1983年4月・文藝春秋)
10. 『ショージ君の南国たまご騒動』(1984年4月・文藝春秋)
11. 『ショージ君の時代は胃袋だ』(1985年9月・文藝春秋)
12. 『東京ブチブチ日記』(1987年5月・文藝春秋)
13. 『ショージ君の「ナンデカ？」の発想』(1987年7月・平凡社)
14. 『平成元年のオードブル』(1989年5月・文藝春秋)
15. 『笑いのモツ煮こみ』(1990年6月・文藝春秋)
16. 『食後のライスは大盛りで』(1992年3月・文藝春秋)
17. 『アイウエオの陰謀』(1995年1月・文藝春秋)
18. 『行くぞ！　冷麺探険隊』(1996年1月・文藝春秋)
19. 『のほほん行進曲』(1997年11月・文藝春秋)
20. 『明るいクヨクヨ教』(1999年2月・文藝春秋)
21. 『とんかつ奇々怪々』(2000年6月・文藝春秋)
22. 『もっとコロッケな日本語を』(2003年6月・文藝春秋)

東海林さだお（しょうじ・さだお）
1937年東京都生まれ。漫画家、エッセイスト。早稲田大学露文科中退。70年『タンマ君』『新漫画文学全集』で文藝春秋漫画賞、95年『ブタの丸かじり』で講談社エッセイ賞、97年菊池寛賞受賞。2000年紫綬褒章受章。01年『アサッテ君』で日本漫画家協会賞大賞受賞。11年旭日小綬章受章。『ひとり酒の時間 イイネ！』『ゴハンですよ』『大衆食堂に行こう』（以上だいわ文庫）、「丸かじり」シリーズ（文春文庫）など、著書多数。

本作品は筑摩書房より二〇〇三年一二月に刊行された『東海林さだおの味わい方』を改題し、再編集して文庫化したものです。

だいわ文庫

ことばのごちそう

著者　東海林《しょうじ》さだお
編者　南伸坊《みなみしんぼう》

二〇二一年一〇月一五日第一刷発行

発行者　佐藤靖
発行所　大和《だいわ》書房
東京都文京区関口一－三三－四 〒一一二－〇〇一四
電話 〇三－三二〇三－四五一一

フォーマットデザイン　鈴木成一デザイン室
本文デザイン　二ノ宮匡
本文イラスト　東海林さだお
企画・編集　松田哲夫
本文印刷　信毎書籍印刷　カバー印刷　山一印刷
製本　小泉製本

ISBN978-4-479-30885-0
乱丁本・落丁本はお取り替えいたします。
http://www.daiwashobo.co.jp